Acompañando a los moribundos

I0134573

Acompañando a los moribundos

Sabiduría práctica desde el corazón
para doulas del fin de vida
y defensores en el sector salud

Deanna Flores Cochran, RN

Traducción Sofía Plonsky
con la colaboración de Wilka Roig

Acompañando a los moribundos
Sabiduría práctica desde el corazón
para doulas del fin de vida
y defensores en el sector salud

Título original en inglés:
Accompanying The Dying
Practical, Heart-Centered Wisdom
For End-of-Life Doulas and Healthcare Advocates

Derechos de autor (Copyright ©) 2020 por Deanna Flores Cochran, RN

Traducción de Sofía Plonsky
con la colaboración de Wilka Roig

Todos los derechos reservados. Ninguna parte de este libro puede ser utilizada o reproducida por ningún medio gráfico, electrónico o mecánico, incluyendo fotocopias, grabaciones o cualquier sistema de recuperación de almacenamiento de información, sin el permiso por escrito del editor, excepto en el caso de citas breves incorporadas en artículos de opinión o reseñas.

ISBN: 978-1-7330393-5-2
ISBN: 1-7330393-5-X
Library of Congress Control Number: 2020916652

La información, ideas y sugerencias en este libro no tienen la intención de ser un sustituto para el asesoramiento profesional. Antes de seguir cualquier sugerencia contenida en este libro, consulte a su médico o profesional de salud mental. Ni el autor, ni el editor serán responsables de ninguna pérdida o daño que pueda surgir como consecuencia del uso o aplicación de cualquier información o sugerencia en este libro.

Portada diseñada por: Miko Radcliffe
Fotografía de Portada por: Danielle Cochran
Fotografía de Deanna por: Danielle Cochran

Sacred Life Publishers™
SacredLife.com
Impreso en los Estados Unidos de América

Índice

Reseñas

"Uno de los más grandes regalos de amor que podemos ofrecer a otros es acompañarlos en su viaje mientras están muriendo. La capacidad para hacer esto no está limitada a unos pocos escogidos, ni debería estarlo, ya que puede llegar el momento en que queramos ser ese acompañante o se nos pedirá ser ese amigo para alguien que esté muriendo. En este pequeño bellamente escrito y conmovedor manual, Deanna Cochran nos cuenta cómo podemos ser defensores de quienes están muriendo, preservar su preciada normalidad y ser parte de un equipo amoroso y comprensivo. Para algunos, este libro los preparará para la ocasión en que necesiten cuidar de un ser querido moribundo. Para otros, puede ser el incentivo de llevar este don de cuidar, a una comunidad más grande. Es un libro para estos tiempos; un libro que fortalece a las personas y les da el valor para enfrentar y superar sus miedos y dudas acerca de cuidar a otros".

~ **Dr. Michael Barbato,** autor de *Midwifing Death*

"Solo en los Estados Unidos, 10,000 personas cumplirán 65 años cada día durante los próximos 18 años. De la misma manera en que estos *baby boomers* viven su vida, la conciencia y la prioridad que le dan a la calidad de vida también sigue creciendo. Esto se aplica a la forma en que ellos viven y envejecen, así como también a cómo se enfrentan al fin de su vida y a la pérdida de sus seres queridos. Deanna Cochran aprovecha sus años de formación multifacética y su amplia experiencia en atención médica, empoderando a las personas interesadas en convertirse en las mejores en asistir a personas moribundas a través de los servicios de doula o

ix

similares. Estos servicios educativos y ocupacionales que ofrece Deanna son oportunos, apropiados y están estrechamente alineados con la mentalidad, las filosofías y las prioridades de la demografía de los *boomers*".

~ **Jay A. Drayer, CPA**, fundador/CEO de CareFlash (para personas)
y PrizedPals (para familias con mascotas)

"El libro de Deanna Cochran desborda sabiduría experiencial que solo se puede adquirir a través de años en enfermería, cuidados paliativos, acompañando a los moribundos, profunda escucha, evaluaciones honestas del "negocio de la muerte", temores humanos que rodean a la muerte y buenos instintos personales. Como acompañante y entrenadora del fin de vida, Deanna aporta una gran cantidad de conocimiento acumulado a su ministerio y ahora comparte sus excelentes percepciones para que todos podamos explorar y asimilar los capítulos de este profundo libro desde el corazón. Léelo y aprende. Quedarás iluminado".

~ **Rev. Jo Jensen**, DMin, BCC,
autora de *The Be-Attitudes of Chaplaincy*

"Recuerdo que en la década de 1970 estaba interesada por el fin de la vida (un término no usado hasta hace poco) y me preguntaba cuál sería la mejor manera de servir. Ay, si tan solo hubiera tenido un libro como éste. La guía, honestidad y orientación hubieran sido justo lo que necesitaba.

Ha habido muchos cambios en el cuidado al final de la vida desde la década de 1970; el servicio de *hospice* y los cuidados paliativos son ahora términos familiares. Con esta exposición llega un despertar en los corazones de las personas con voluntad de servicio, esas personas que escuchan el llamado a trabajar en el final de la vida. Deanna, con *Acompañando a los moribundos*, ha proporcionado las pautas para encontrar el camino. Este libro presenta una gran cantidad de información de manera fluida y con suficientes historias personales como para perfeccionar la educación".

~ **Barbara Karnes, RN**, autora de *Gone from My Sight*

"Una introducción comprensiva sobre el trabajo de una doula del fin de vida. La extensa experiencia de Deanna como enfermera en *hospice* y su profundo y sincero compromiso con la educación son evidentes en cada página. Si sientes el llamado a cuidar de personas en sus últimas etapas de vida, este libro te ayudará a comenzar el viaje".

~ **Sarah Kerr, PhD**
doula de la muerte y oficiante

"Estar con una persona que está muriendo o entregando su último aliento de vida es el mayor regalo que le puede dar a una persona y ella a usted. Aprenda a estar presente de manera consciente con los moribundos a través de las enseñanzas sinceras de Deanna. En 1986, cuando comencé a trabajar con moribundos, desearía haber tenido su libro *Acompañando a los moribundos*".

~ **Rev. Sharon Lund, DD,** autora de *Sacred Living, Sacred Dying:*
A Guide to Embracing Life and Death

"Mientras retomamos la muerte, el morir y la ceremonia nuevamente en nuestras propias manos y la sostenemos como algo natural y sagrado dentro de nuestras vidas, Deanna ofrece su amplia experiencia, entusiasmo y sabiduría para ayudar a otros a realizar este viaje de la mejor manera. Su generosidad de espíritu y su capacidad para compartir sus conocimientos y percepciones a través de este libro permiten que las personas tengan un amigo que los ayude a planificar con antelación o durante un momento difícil".

~ **Zenith Virago**, Deathwalker y coautora de
The Intimacy of Dying and Death

"Para cualquiera que siga su vocación sobre el fin de vida, en cualquiera de sus formas o expresiones, la voz de Deanna Cochran resuena de manera clara. El trabajo que ella inspira alcanza la gran división entre el servicio y la búsqueda, uniendo lo práctico con lo compasivo, abarcando el cuidado personal y el cuidado del paciente en formas que preparen a cualquier persona, de cualquier origen o propósito para participar y crecer. Este es el superpoder de Deanna: fomentar y enriquecer el crecimiento personal, emocional y espiritual en torno a la muerte, liberando a quienes están comprometidos a ofrecer servicios de atención durante la muerte a estar plenamente presentes y ser eficaces. Al estar preparados y conectados, los defensores del fin de vida, incluyendo a los servidores de casas funerarias, están realmente listos para asumir los desafíos y la dicha de apoyar a las familias durante la muerte de un ser querido".

~ **Lee Webster**, presidente de
National Home Funeral Alliance

"Como un artesano creando un fino tapiz, Deanna Cochran, en su libro *Acompañando a los moribundos*, teje hilos de múltiples colores con su experiencia como enfermera del servicio de *hospice*, doula del fin de vida, buscadora espiritual, maestra y cuidadora de su madre en su lecho de muerte. Ella ha llenado estas páginas con inspiradoras historias, conocimiento práctico y una guía sabia para vivir y morir de manera consciente. Este libro es una lectura obligada para cualquiera que se sienta llamado a sentarse junto a la cama de una persona en agonía, ya sea cuidando de un ser querido o comenzando una carrera como defensor del fin de vida. Deanna Cochran es la maestra que necesita para su viaje por los misterios de la vida y la muerte".

~ **Dra. Karen Wyatt**, autora de
The Tao of Death

"Deanna brinda una voz verdaderamente sabia a este movimiento social sobre la recuperación de la asistencia a la muerte centrada en la comunidad. Sus palabras les hablan sinceramente a aquellos que se sienten llamados a servir a los moribundos, los fallecidos y afligidos por el duelo. Independientemente de los títulos que usemos los voluntarios y los profesionales para referirnos a nosotros mismos, las palabras de Deanna describen la pasión, la compasión y las competencias que nos centran en este trabajo precioso y culturalmente relevante".

~ **Cassandra Yonder**, directora ejecutiva de
BEyond Yonder Virtual School
for Community Deathcaring en Canadá

Dedicatoria

Este libro está dedicado a mi madre, Patricia Doyle Flores. Ella me visualizó enseñando y organizando talleres cuando corría por todo el centro de Austin como enfermera del servicio de hospice sin tener conciencia o deseo de hacer algo así. Su agonía y su muerte han inspirado mi trabajo como doula y defensora del fin de vida desde el 2005.

Este libro también está dedicado a mi padre. Para mí, él es una gran inspiración para vivir mis sueños y tomar acción sobre lo que me gusta hacer. A medida que viajamos con él a través de su enfermedad cardíaca en etapa terminal, él ha sido mi mejor maestro para vivir la vida al máximo.

Honro especialmente a todas las personas que me dejaron entrar en su mundo para acompañarlos a ellos y a sus familias mientras vivieron y murieron. Sin ellos, no habría podido cuidar de mi madre como lo hice. Sin ellos, no tendría nada que compartir.

Y, por último, pero no menos importante, este libro está dedicado a todos los hombres y mujeres valientes que han confiado en mí y me han permitido ser parte de sus sueños de servir a los demás al final de la vida, y por pedirme que los ayudara a tomar medidas inspiradoras. Estoy orgullosa de su fe y valentía para iniciar un camino en este territorio desconocido de morir bien en la era moderna. Me siento honrada de caminar a su lado *mientras fortalecen a sus comunidades. Juntos estamos haciendo grandes avances en este movimiento fundamental. Los amo y les agradezco por traerme a su mundo.*

Prefacio

Te diré desde un principio que tengo cierta indecisión sobre el nuevo grupo de especialistas con nombres como "doulas de la muerte" y "matronas de la muerte", y muchos otros nombres que Deanna ha escuchado. "Niñera de la muerte" fue uno que a mí se me ocurrió. Sabía que el nombre de "ministro de la muerte" no pegaría.

Estoy indeciso porque uno de los muchos roles que a veces tengo se llama "doula de muerte", y también ofrezco entrenamiento para doulas de muerte. Al mismo tiempo, uno de los hilos del tapiz que estoy tejiendo es el de recuperar, por parte de las familias y de las comunidades, el cuidado de los moribundos y de los muertos.

Le entregamos este trabajo a quienes se han convertido en grandes empresas e instituciones. Al haberlo hecho, nos robamos a nosotros mismos el trabajo profundo, poderoso e importante que nos despierta a la vida, forma comunidades, conecta a las familias y nos guía por el camino del duelo. Después de todo, en el núcleo de una comunidad están las formas en que cuidamos los unos de los otros.

Me preocupa que la doula de muerte se convierta en otra carrera profesional más, una profesión de los llamados "expertos", regulada por nuevas agencias que deseen legitimar y estandarizar, y se convierta en una institución por sí misma definida y confinada a lo que es y lo que no es.

Es muy complicado, como podemos darnos cuenta, darle un nombre a algo.

Morir en este momento, en esta cultura, se ha convertido principalmente en un evento médico y psicológico.

Claramente, morir es mucho más que eso. Y esto de "mucho más" rara vez es reconocido o recibe la atención que amerita. Muchos de nosotros vemos una brecha importante y esencial que debe ser abordada.

¿Cómo surgió esta brecha y cuáles son algunos de los efectos?

➢ Estamos tan desconectados del mundo natural y de nuestro lugar en él. No vemos que no hay vida sin muerte y que la muerte alimenta a la vida. Nosotros, los de la era moderna, hemos perdido nuestro camino. Hemos olvidado quiénes somos, por qué estamos aquí y lo que verdaderamente significa ser seres humanos. En gran parte, vamos como sonámbulos por la vida, enfocándonos en qué sigue. Nuestra visión materialista le quita mucho a aquello que no se puede calificar ni cuantificar y aumenta nuestro tremendo temor de estar muertos.

➢ El trasfondo de la muerte como un error, un fracaso o un castigo todavía resuena con fuerza en el colectivo consciente e inconsciente.

➢ Las palabras *muerto* y *muerte* casi se han convertido en palabras tabú en nuestra cultura. El árbol muere, el carro muere, el perro muere. La abuela casi nunca muere. Ella pasa a mejor vida, duerme para siempre, abandona su cuerpo, va al cielo, etc. Ella se ha ido a un lugar mejor (ojalá), hemos perdido a la abuela, se ha ido a casa. Todos estos eufemismos tienen tremendas implicaciones.

➢ La muerte, luego de haber pasado del hogar y de la comunidad al hospital y a la funeraria, rara vez, o incluso nunca, es experimentada por la mayoría de nosotros. En general, tenemos poca o ninguna experiencia directa con personas que están por morir, con su muerte o con los muertos. Esto a menudo deja a los moribundos y a sus familias confundidos, aterrorizados y sintiéndose incompetentes.

➢ Las muchas formas sutiles y no tan sutiles de nuestra evasión cultural y personal, nuestra aversión y negación de la muerte, se manifiestan en cómo vivimos, cómo vemos a los moribundos y a la muerte, y cómo tratamos a los moribundos y a los muertos.

➢ Pocos en esta cultura ven algún valor en el proceso de cuando se está por morir, y la mayoría de las personas desean que el proceso de morir ocurra lo más rápido posible. Las experiencias cercanas a la muerte están en la lista de los libros más vendidos, sin embargo, estas son diferentes de la experiencia cercana a la muerte al descubrir que te estás muriendo, y al terror y al shock que generalmente acompañan a estas noticias.

Al menos, una doula de muerte, que probablemente ha estado alrededor de pacientes moribundos y de la muerte mucho más que la persona moribunda y su familia, puede ser una presencia tranquilizadora y un testigo del proceso.

¡La muerte sucede! Nos presentamos a la muerte. De hecho, esta puede ser la función más importante de una doula de muerte.

Sí, hay hierbas, pociones y medicinas. Sí, hay visualizaciones y prácticas para acercarse al portal. Sí, existen conjuntos de habilidades para ayudar a una persona moribunda a hacer la tarea de completar su vida y acercarse a la muerte enfrentándola, así como para apoyar el trabajo que realizan los miembros de la familia. Sí, hay numerosos trazados de lo que sucede después de la muerte.

Pero casi cualquiera puede aprender todo esto. Lo que no se puede aprender es lo que se necesita para presentarse por completo ante los últimos momentos de vida y ante la muerte, y no darles la espalda, como parecen hacer tantas personas moribundas en estos días y, de hecho, lo que se necesita para presentarse plenamente ante la vida, ya que pocas personas parecen hacerlo.

Sí, el trabajo preliminar puede comenzar. Hay mucho por hacer para descubrir nuestras propias creencias e historias, conscientes e inconscientes, que se interponen en el camino, reconociendo y rechazando nuestros propios miedos, proyecciones y juicios.

Aun así, cuando le asignamos un nombre a algo, creamos un rol y definimos ese rol, lo etiquetamos y lo rebajamos.

En una cultura en la que una de las primeras preguntas que formulamos y se nos formula es "¿Y qué haces?", después de contestarla, la siguiente pregunta probablemente será "¿Y qué es una doula de muerte?" o "¿Qué hace una doula de muerte?". Y lo etiquetamos aún más.

La paradoja aquí es que aquellos a quienes conozco que se sienten llamados a este trabajo no se ven a sí mismos trabajando en los roles ya etiquetados de capellán, trabajador social, enfermero del servicio de *hospice* o terapeuta de duelo.

Ahora llega este libro de Deanna Cochran, a quien conocí hace algunos años cuando vino a ver qué es lo que yo estaba tramando y quién era este tipo que abrió una tienda llamada La Tienda de la Muerte (The Death Store). Inmediatamente me sorprendieron sus ojos, su sonrisa y la facilidad con que su corazón se expresaba a través de sus palabras, y pude ver cómo se definía su trabajo en relación con su corazón. Nos convertimos en amigos instantáneos y procedimos a aprender el uno del otro.

Para mí, ella es la persona perfecta para escribir sobre este tema. Deanna ha tenido muchos años de experiencia trabajando junto a la cama de moribundos, permaneciendo junto a sus familias y enseñando y asesorando a otros profesionales en estos campos. Y a su manera, muy "con los pies sobre la tierra", ella trae este campo emergente a los seglares y a aquellos que ya trabajan como sanadores y terapeutas.

Deanna ha dedicado muchos años a examinar profundamente lo que el cuidado al final de la vida pide de nosotros cuando estamos muriendo y cuando estamos cuidando de los moribundos. Puede que sientas un llamado hacia este trabajo, o lo que yo llamo *servicio sagrado*. Importa poco cómo se le llame, se convierte en ministerio. Y como tal, nuestro trabajo se enmarca por medio de la escucha y siguiendo el llamado. Aprendemos a escuchar profundamente hacia el interior y también aprendemos a escuchar profundamente junto a la cama de los moribundos.

~ **Rev. Bodhi Be**
Fundador de *Doorway Into Light*

Introducción

¿Te enfrentas con el morir y la muerte, o huyes de esto?

Acompañar a los moribundos no es algo que la mayoría de la gente sueña con querer hacer. Así que si eres uno de los que comparte conmigo un profundo deseo de hacerlo, debes saber esto: no eres raro ni morboso. Considérate un portador de luz, un sanador de la ansiedad, un tranquilizador y una fuerza estabilizadora para las personas durante uno de los periodos más atemorizantes y fuertes de su vida.

Yo supe que quería servir de forma privada, a una familia a la vez, después de la muerte de mi madre en el verano del 2005. Ingresó al hospital por medio del Servicio de Emergencia Médica (EMS: Emergency Medical Service) el Día de las Madres del 2005 y falleció el miércoles anterior al Día del Padre.

Mi madre no quiso los servicios de *hospice*. Ella quería vivir y quería probar tratamientos alternativos. También quería la cirugía que el oncólogo le había recomendado. Quería ir a Brasil y ver a Juan de Dios. Estábamos preparando nuestros trajes blancos para ir con ella. Desarrollamos nuestro propio equipo de cuidados paliativos, que consistía en mí (una enfermera del servicio de *hospice*), una amiga mía enfermera del servicio de *hospice* en Austin (nuestra doula), mi hermana (una enfermera anestesista) y sus amigos en el campo médico y, un oncólogo que, a regañadientes, nos dio morfina (para su dolor) y una derivación para el servicio de *hospice*, tan solo diez días antes de su muerte. (Él estaba convencido de que podría realizarle una cirugía en los próximos meses).

En esa última visita al consultorio, 10 días antes de su muerte, entramos a su consultorio, con mi madre literalmente casi muerta (no cancelaría la cita). Ella apenas podía caminar. Tuve que guiarla a todos los lugares a los que íbamos, ya que parecía haber olvidado a dónde iba. Tuve que sostenerla, levantarla y encontrarle un lugar donde se pudiera recostar, ya que no podía permanecer sentada por mucho tiempo. Cuando finalmente estábamos en el consultorio del médico, casi me quedé atónita cuando él sugirió una cirugía, se negó a recetarle medicamento analgésico más fuerte para su dolor cada vez mayor, y no nos daría una derivación para el servicio de *hospice*. Sabía que mi madre no estaría contenta si yo fuera a hacer un berrinche en su oficina, y eso era más importante que mi deseo de saltar sobre su escritorio hacia él llena de rabia.

Cuando salimos de su oficina y llegamos al auto, ella me miró y sonrió. Ella me preguntó: "¿Me estoy muriendo?". Me había pedido que fuera honesta con ella. Le dije: "Sí". Preguntó cuánto tiempo le quedaba. Le dije que mi mejor suposición era menos de un mes. Ella sonrió y dijo que el pobre hombre (el doctor) no había sabido cómo decírselo. Le expliqué que estaba llegando al punto en que en realidad necesitaba el tipo de atención que solo el servicio de *hospice* le podía brindar, que yo ya no podía ofrecer la perspectiva para ayudarla a manejar sus síntomas, que podían volverse más complicados rápidamente. Le dije que ella había estado recibiendo cuidados paliativos todo el tiempo de todas formas. "Por favor, solo traigamos más ayuda". Ella finalmente estuvo de acuerdo. Murió diez días después.

A lo largo de los años, he llegado a comprender que algunos oncólogos no saben cómo se ve el morir ni la muerte inminente (cómo esperamos que lo hagan), o seguramente nunca dirían el tipo de cosas que el médico nos dijo aquel día (mientras mi madre miraba a través de él, tal como lo hacen las personas justo antes de perder la conciencia durante el proceso de muerte).

A pesar de no tener un "equipo oficial de cuidados paliativos", mi madre no pasó ni un solo día en el hospital debido a ningún síntoma de este cáncer tan agresivo, porque tuvo excelentes cuidados paliativos de parte de profesionales en nuestro entorno. Yo sabía que los protocolos de los servicios de *hospice* eran apropiados para personas que no estaban bajo el servicio de *hospice*. Hicimos posible que ella tuviera todo lo que necesitaba. Había pocos programas de cuidados paliativos (que no eran el servicio de *hospice*) en el 2005 y, hasta ese momento, yo no tenía idea de que existían los cuidados paliativos previos al servicio de *hospice*. Eran prácticamente desconocidos incluso en el entorno de *hospice*, e incluso en la actualidad.

En algún momento, en los días posteriores a la muerte de mi madre, supe que deseaba que todas las personas que estuvieran muriendo pudieran tener una "hija enfermera del servicio de *hospice*" mientras morían, pues muchas de estas personas no están muriendo bajo el servicio de *hospice*. Como la mayoría de la gente, la muerte de mi madre ocurrió principalmente fuera del servicio de *hospice*. Nuevamente, como la mayoría de la gente, solo su periodo de muerte inminente ocurrió bajo el servicio de *hospice*.

A lo largo de los años, me ha parecido que muchas personas evitan el tema de la muerte y tienden a mantener su distancia cuando ésta ocurre en sus círculos sociales. ¿Cuál ha sido tu experiencia? Aquellos de nosotros que queremos acompañar a otros sentimos un verdadero regocijo de servir en esos momentos. *Queremos* estar ahí. Una poderosa energía interna nos impulsa a buscar maneras de ayudar a otros en esos momentos. Es el mismo regocijo que se siente expresado en otras ocasiones, cuando las personas están al servicio los unos de los otros.

Nosotros, los que somos llamados, somos defensores de los moribundos y sus familias. Somos personas que queremos traer luz a un tema oculto en el miedo y el temor. La gente a menudo dice que quiere traer paz y belleza a esta sagrada transición final de este plano terrenal, donde por el momento hay caos y evasión. Nosotros queremos sacar esta transición final de las sombras. Queremos traer normalidad al morir y al acompañar a los moribundos, que sea algo que todos se sientan cómodos haciendo, no solo las personas como nosotros.

Durante los últimos años en mi programa de asesoría para doulas del fin de vida, los estudiantes han comentado que son, o han sido, las personas a quienes su círculo de familiares y amigos acuden cuando alguien está enfermo o está muriendo. (Este no ha sido el caso en algunas ocasiones. He trabajado con personas que nunca habían visto morir a alguien, pero que, en el fondo, sabían que querían estar al servicio de esta manera).

Entonces, ¿quiénes somos? ¿Quiénes son las almas que quieren acompañar a los demás en sus últimos días? ¿Somos raros o estamos obsesionados con la muerte? ¿Encontramos regocijo en la miseria de otros? ¿Cuáles son nuestros motivos? ¿Por qué estamos invirtiendo tanto tiempo, energía y dinero para poder ayudar a perfectos desconocidos mientras mueren? ¿Por qué no solo trabajamos bajo el servicio de *hospice* en lugar de crear una práctica privada? ¿Por qué los capellanes, trabajadores sociales, médicos y enfermeros están explorando su deseo de servir de esta forma más íntima?

Somos toda clase de personas, en todo tipo de profesiones, y la mayoría de nosotros lo hacemos por el mismo motivo: somos *llamados* a servir. En el momento en que recibimos ese llamado desde un plano espiritual superior, *supimos* que esto era lo que queríamos hacer. Muchas personas con las que he hablado a lo largo de los años han compartido conmigo que habían estado pensando en servir a los moribundos durante muchos años antes de comenzar a hacerlo.

Fuera de los profesionales del servicio de *hospice*, quienes usan los roles de *hospice* para servir, la mayoría de las otras personas con este llamado seguirán siendo las personas a quienes acudir dentro de su círculo. De ellos, solo unos pocos se pondrán al servicio de su comunidad. Hablo con personas todos los días acerca de sus inicios y generalmente descubro que fue una experiencia personal con la muerte de alguien que amaron lo que los llevó a querer servir a más personas a un nivel más profundo.

Así que escribo este libro porque, en los años transcurridos desde que tomé la decisión de servir como una doula del fin de vida, miles de personas se han contactado conmigo queriendo hacer lo mismo. En el 2010, creé mi proceso para ayudar a otros a acompañar pacientes, otros quienes combinaban sus habilidades con el deseo de servir a su núcleo de familiares y amigos o a sus comunidades. Solo para estar seguros, esto es algo que cualquiera puede hacer por su familia y amigos. Es la gente que tiene la pasión de hacerlo por desconocidos en la comunidad y de cambiar la forma en que morimos en esta sociedad en la que me enfoco principalmente en este libro.

En el 2012, comencé a recibir indagatorias de profesionales en el sector salud que querían profundizar en su práctica de servir a los moribundos o agregar estos servicios a los que ya brindaban. En efecto, ha sido una época muy gratificante. Lo único que disfruto más que asesorar a otras doulas, es servir de forma personal a una familia. Me siento muy bendecida y agradecida de haber seguido mi corazón, y haber continuado haciendo lo correcto en cada oportunidad, que es lo que me llevó a escribir esto para ti.

Es cierto que aquellos de nosotros que estamos en el área médica podemos ofrecer otros servicios, pero eso no es lo que nos hace excelentes doulas. Lo que hace a una gran doula es una presencia compasiva, un corazón amoroso, mucha atención y no tener temor al proceso de morir o a la muerte, ya sea la nuestra o la de alguien más.

El estar presente no requiere de un título universitario, credenciales médicas, un diploma de preparatoria, una tesis, ni años de experiencia. Lo que se necesita es una práctica espiritual, cuidado personal, autoconciencia, una conexión con la vida y la humanidad, y alimentar el alma de cualquier manera en que decidas hacerlo; ninguna religión o práctica espiritual limita el acceso a estas cosas. ¿Cómo mantienes esta calidad? ¿Qué haces para tener esta calidad pacífica al estar presente?

El libro está dividido en cinco partes para abordar los diferentes ámbitos del trabajo del servicio del fin de vida.

Toma en cuenta: para simplificar, usaré el término *doula del fin de vida* para referirme a la persona *a quien acudir* dentro de una familia o a cualquier persona, independientemente de cómo se llame a sí misma (doula de muerte, practicante del fin de vida, mediadora espiritual, matrona de la muerte, matrona del alma, doula de moribundos, entrenador del fin de vida, etc.), que está al servicio de los demás a través del proceso de morir. Me refiero a este rol como doula del fin de vida porque ha habido fricción con ese título en los últimos años, y en realidad es lo que está "pegando" dentro del sector salud cuando se refieren a este rol. Y dentro del sector salud es donde están la mayoría de las personas a quienes queremos empoderar. Queremos ser un complemento útil y poderoso para los sistemas de atención médica que actualmente se encargan de nuestros moribundos. Nuestro rol tiene esa habilidad: servir a las familias, así como a los sistemas que sirven a las familias.

Es importante señalar que decidí usar el término en inglés *hospice* para evitar confusión en algunos países de habla hispana. La traducción literal al español sería "hospital para enfermos terminales", "hospital de cuidados paliativos" u "hospicio". Sin embargo, *hospice* no es necesariamente un lugar, sino que es más bien un servicio, por lo que las primeras traducciones no corresponden al significado que quiero expresar. En cuanto a la palabra "hospicio" tiene también como significado "casa de beneficencia pública", además de que existen una variedad de tipos de "hospicios", que le brindan otra connotación al término, por lo que tampoco brinda el significado que estoy buscando. Con *hospice* me refiero a una organización que brinda ayuda en el cuidado de un paciente con una enfermedad terminal. Es un servicio que consta de un equipo de profesionales dedicados a apoyar tanto a los pacientes terminales, brindando calidad al final de la vida, comodidad y paz, como a los familiares o cuidadores del paciente, guiándolos y asistiéndolos en el cuidado de su ser querido.

En cuanto al término en inglés "advocates", usaré la palabra *defensores*, para referirme a toda persona que defiende, aboga o intercede por otros. En este caso me refiero a todas aquellas personas que abogan sobre el cuidado de la salud de un enfermo terminal.

Por otro lado, en la mayoría de los casos, no incluyo URLs (direcciones de internet) de organizaciones, ni artículos, porque cambian con demasiada frecuencia. Puedes colocar estos títulos de artículos u organizaciones en una barra de búsqueda de Google, Yahoo o Bing y localizarlos para obtener más información.

Para quien se sienta inspirado a indagar con mayor profundidad en este tema, sepa que es bienvenido en nuestra escuela de Acompañamiento a los Moribundos (Accompanying the Dying). Acompañar a los moribundos es una habilidad humana no solo para profesionales. Para mayor información: www.school.accompanyingthedying.com.

PRIMERA PARTE
Dónde estamos hoy

En esta sección, exploro el despertar que está ocurriendo en todo el mundo. Hay muchas almas hermosas, generosas y sabias que quieren dar un paso adelante y servir a los demás en maneras únicas. Son portadoras de luz en las horas más oscuras para algunas personas. Quieren extender el empoderamiento a las personas en sus comunidades sobre sus opciones y alternativas. Quieren ayudar a disipar el miedo y la ansiedad sobre el proceso de morir y la muerte. Este "Movimiento de positividad sobre la muerte" * está creciendo y cambiando rápidamente para aquellos de nosotros que estamos inmersos profundamente en este trabajo. Aquellos de nosotros que hemos estado en esto por un tiempo (más que los últimos cinco o seis años) hemos visto un crecimiento explosivo. Aun así, todavía somos invisibles para la mayoría de la población. Sin embargo, estaremos aquí cuando las personas despierten y quieran aprender por sí mismas o necesiten nuestra ayuda.

---

* *El Movimiento de positividad sobre la muerte* tiene como propósito ayudar a entender y aceptar que la muerte es una parte natural de la vida. Busca un cambio de actitud en las personas y las alienta a hablar abiertamente sobre el proceso de morir, los moribundos y la muerte.

Capítulo 1

¿Quiénes son los profesionales
de la muerte hoy en día?

No estamos más que encaminándonos unos a otros a casa.
~ Ram Dass

Cuando pensamos en personas que trabajan con los moribundos, podemos pensar en trabajadores y voluntarios al servicio de *hospice*, así como en personas que trabajan en hospitales y en servicios de respuesta inmediata, como trabajadores de emergencia, paramédicos y bomberos. Sabemos que las personas mueren en hospitales y hogares de ancianos con regularidad. Sabemos que las personas que trabajan en estos entornos presencian muchas muertes y hacen el intento de prevenirlas. A menos que el servicio de *hospice* esté involucrado, la mayoría de las personas que trabajan en estos lugares están tratando de mantener a los pacientes vivos.

También hay una tendencia emergente en las personas que se sienten atraídas a servir, ya que los profesionales independientes se están convirtiendo en parte del Movimiento de positividad sobre la muerte o Movimiento de empoderamiento en la muerte. Estas personas son llamadas de muchas maneras, pero básicamente ofrecen servicios particulares: acompañan a las personas que están frente a una muerte inminente, brindan orientación sobre servicios funerarios en el hogar y entierros en casa y brindan servicios de duelo tan interesantes como cánticos junto a la cama, servicios ceremoniales y velatorios en vida.

Algunas personas están creando servicios de consejería al final de la vida, servicios de defensa del paciente y asistencia con la voluntad anticipada. Están sucediendo muchas cosas en este ámbito de la vida porque, hasta ahora, estábamos satisfechos con tratar de vivir a toda costa y lo estábamos pagando con caos personal y familiar y con la falta de dignidad. Como sociedad, ya tuvimos suficiente de esto.

Capítulo 2

¿Por qué no simplemente trabajamos para *hospice*?

Sea cuando sea que te vayas, vete con todo tu corazón.
~ Confucio

Muchas personas que hacen este trabajo *están* trabajando para *hospice*. Muchos de nosotros somos también voluntarios. Nos encanta y nos sentimos útiles. Además, algo más está sucediendo.

Muchos desean participar de manera más personal y no médica, y pasar más tiempo con las personas de lo que es posible hoy en el servicio de *hospice*, porque, en *hospice*, debemos trabajar dentro de nuestro rol, y nuestro rol está claramente definido. Algunas personas quieren ayudar de una manera diferente a lo que se permite en *hospice*. Y casi todas las personas que me llaman dicen que quieren poder pasar más tiempo con las personas a las que están sirviendo.

Primero, para canalizar este deseo de trabajar con los moribundos, si trabajas en *hospice* como empleado, debes tener una ocupación específica: auxiliar de enfermería, enfermero, trabajador social, capellán o guía espiritual, médico, o enfermero profesional. También podrías ser voluntario en tu tiempo libre.

Como sociedad, hemos llegado a amar y depender de cada uno de estos profesionales como expertos en el cuidado de los moribundos. Estos roles están claramente definidos y tienen límites. Necesitan, dentro de las organizaciones que prestan servicios de *hospice*, servir a miles de pacientes y tener una estructura específica dentro de la cual poder operar. *Hospice* es un sistema increíble del que hemos llegado a depender, y las personas que pertenecen a *hospice* también están buscando formas innovadoras para continuar profundizando su apoyo al final de la vida.

Cada rol en el equipo de *hospice* también está limitado por la cantidad de tiempo que pueden pasar con una familia y por las políticas y procedimientos de la organización. Un voluntario está limitado por el tipo de vacantes que tiene la organización y por cómo *hospice* quiere que el voluntario preste servicios, ya que algunos programas de *hospice* tienen límites de tiempo estrictos. La familia está limitada a la disponibilidad de voluntarios que servirán a la familia de la forma en la que ésta lo desea. Entonces, aunque para muchos voluntarios y familias este sistema funciona de maravilla y las necesidades de las personas se satisfacen muy bien, hay mucho que se puede hacer para ampliar este apoyo y para que se ofrezca más tiempo. Por el momento no existe ninguna agencia que pueda tomar el lugar de *hospice*. Sin embargo, estamos viendo que, con el cambio de los beneficios de Medicare en los Estados Unidos, aun cuando alguien está dentro de los servicios de *hospice*, a veces se necesita más apoyo.

Cada enfermero de *hospice* que me ha escrito se ha sentido intrigado por este rol y desea saber más sobre este fenómeno de doula/guía/matrona del fin de vida. Recientemente, alguien malentendió nuestro propósito y pensó que estábamos tratando de tomar el lugar del servicio de *hospice*. Ella también pensó que queríamos realizar tareas y servicios para los cuales no estábamos calificados. Por favor, escúchenme al respecto: no hay un remplazo de *hospice*. *Nunca*. Los servicios de *hospice* tienen su lugar, gracias a Dios. Las doulas del fin de vida son personas de apoyo *además* del servicio de *hospice*. Esta fue mi respuesta ante su preocupación:

> *He sido enfermera de* hospice *durante 18 años y, en mi experiencia como enfermera de* hospice *y como doula independiente del fin de vida, sé que hay mucho que mejorar en el apoyo al final de la vida. Todos lo saben y hacen todo lo posible por hacerlo. (Algunos médicos reconocidos que abogan por una mejor atención al final de la vida son el Dr. Atwal Gwande, el Dr. Ira Byock, la Dra. Jessica Zitter, el Dr. Timothy Ihrig, entre muchos otros).*
>
> *Los cuidados paliativos han avanzado mucho y los líderes en el campo continúan apoyando los avances. El servicio de* hospice, *cuando inició por primera vez, estaba fuera del sistema médico y luego fue introducido en él. Entiendo su posición. Yo también he visto a mis seres queridos morir bajo el servicio de* hospice *y fui bendecida por esa experiencia.*
>
> *Creo que es posible que haya malentendido el rol de las doulas. Ellas son un complemento de cualquier equipo que cuida de alguien. Ellas no están planeando el cuidado. Al igual que cualquier cuidador, son bienvenidos y capacitados (hasta su nivel de experiencia) y tienen un llamado a servir, al igual que usted y yo. De ninguna manera tratan de ocupar el lugar del servicio de* hospice. Nunca. *Le sugiero encarecidamente a cada persona con la que trabajo que se ofrezca como voluntario de* hospice. *También capacito a voluntarios de* hospice. *Todos conocemos nuestro lugar. Por favor, comprenda que nadie con quien trabajo malinterpretaría su posición.*
>
> *Y en lo que respecta al pago por los servicios, somos contratados por las familias, y la mayoría de las doulas que conozco, incluida yo misma,*

brindamos nuestros servicios de forma gratuita a los que lo necesitan. Muchas personas pueden pagar fácilmente a los cuidadores y nuestros servicios, sin embargo, otras no. Todas las doulas del fin de vida que conozco sirven a quien se cruza en su camino de la mejor manera posible. Tantas almas hermosas quieren ayudar y servir a los moribundos y, sin embargo, no están llamadas a ser enfermeras, trabajadoras sociales, auxiliares o médicos, pero aun así están sirviendo de maneras increíbles.

Me encantaría hablar con usted y compartir con usted más información sobre las doulas del fin de vida para que entienda que no estamos reemplazando nada de lo que está sucediendo ahora. Nos estamos sumando al apoyo y a la gente le encanta. A los programas de hospice les encanta cuando estoy cerca, ya que los ayudo y añado la sensación de seguridad en el entorno. Si desea hablar más al respecto, no dude en llamarme.

~ Deanna Flores Cochran

Capítulo 3

La industria de la muerte

No serán buenos maestros si se enfocan solo en lo
que hacen y no en quiénes son.
~ Rudolf Steiner

Stephen Jenkinson, líder notable en transformar la forma en que pensamos sobre la muerte en el mundo, considera que el negocio de cuidar a los moribundos (fuera de los miembros de la familia) es *la industria de la muerte. La industria de la muerte* genera una sensación escalofriante. Sin embargo, a todos los que sirven a los moribundos, fuera de los voluntarios, se les paga por hacerlo. La codicia lo mancha todo, no el dinero. El dinero es la moneda que nos permite a todos pagar nuestras cuentas, planificar para nuestra vejez y viajar o disfrutar de la vida.

Se está intercambiando energía y/o dinero, en todos los niveles, al cuidar de nuestros moribundos. Contamos con profesionales médicos a través del servicio de *hospice*, hospitales y empresas de atención médica a domicilio. Y tenemos asistencia práctica y de cuidado por medio de servicios privados que las personas pagan de su bolsillo. Todo esto es una ayuda valiosa. Las personas que nos cuidan en todos estos ámbitos deben pagar sus cuentas, y queremos que ellos puedan hacerlo. ¿Por qué alguien se molestaría por eso? El pagarle a alguien por su tiempo y energía no le quita lo sagrado al servicio. A veces nos encontramos con algo de vergüenza y disgusto sobre el hecho de pagar por servicios espirituales y el cuidado en el proceso de muerte, y por eso vamos a hablar por un momento de la evolución del cuidado en el proceso de muerte.

Antes de la época en que los hospitales y las funerarias manejaran todo lo relacionado con la muerte, la gente moría joven y en casa, y eran enterrados en la parcela familiar o en los cementerios por sus familiares y amigos. Romantizamos este periodo del actual movimiento del fin de vida como un tiempo de control y de participación personal y comunitaria significativa en el cuidado de nuestros seres queridos al agonizar, en la muerte y después de la muerte. Las personas conocían la muerte íntimamente, la veían a menudo y veían morir a muchas personas jóvenes. La gente moría de enfermedades bastante rápido o por accidentes y guerras. Muchas mujeres murieron durante el parto, muchos niños murieron antes de su primer cumpleaños. Más de un anciano, al contar sus historias, me ha dicho que no les gustaba lidiar con la muerte en aquella época ni un poco más de lo que a nosotros nos gusta ahora. Estaban igual de afligidos y quizás trataban de evitarla, pero no podían.

Así que hoy la gente está muriendo de manera muy diferente. Las personas sobreviven a la infancia, viven más décadas (aunque en condiciones más insalubres) y mueren mucho más lentamente debido a enfermedades crónicas. Estamos utilizando la tecnología para prolongar nuestra inevitable muerte y estamos teniendo grandes dificultades como sociedad para decidir lo que sentimos que es moral con respecto a permitir que las personas mueran naturalmente sin estas asombrosas intervenciones tecnológicas. Podemos mantener a las personas vivas ahora a pesar de todo, pero es ahí cuando nos preguntamos: "Sí, ¿pero deberíamos?". Nos estamos dando cuenta de que el hospital puede no ser un gran lugar para estar cuando estemos muriendo, y más personas se están dando cuenta de esto y están deseando morir en casa.

A principios del siglo XX, la gente sí moría en casa, principalmente con sus familias. Durante este tiempo, los hospitales eran vistos como un lugar al que uno acude para la posibilidad de curación. Antes de eso, los hospitales eran un lugar donde se cuidaba a los pobres, una extensión de las instituciones de beneficencia conocidas como "asilos" y no tenían mucho dinero. La mayoría de los médicos donaban su tiempo.

Los avances en limpieza, cirugía y medicina barrieron el mundo en las décadas siguientes. Los hospitales querían ser atractivos para las personas adineradas. Se afiliaron a instituciones educativas. Al mismo tiempo, la industria funeraria se estaba posicionando como un reemplazo para el "salón" familiar. El embalsamamiento se convirtió en la norma. En el momento de la muerte, se transportaba a las personas a un entorno profesional para preparar el cuerpo para el entierro en cementerios locales y se crearon cementerios en los Estados Unidos para veteranos en lugar de enterrarlos en tierras de la familia.

Nunca nos imaginamos que estábamos preparando el terreno para el sufrimiento que ahora experimentamos. Hemos progresado más allá de las maravillas de la medicina a los horrores de morir en la actual Norteamérica, en nuestras unidades de cuidados intensivos. Los enfermeros y los médicos me dicen todo el tiempo lo inquietante que es que en nuestros mejores hospitales se esté haciendo lo que se les hace a las personas que están muriendo. Todos somos responsables. Todos somos responsables de cómo nos metimos en este lío y todos somos responsables de salir de él.

Cuando el tratamiento se usa en el momento apropiado, la extensión de calidad de vida es exactamente el resultado; pero cuando el tratamiento se usa en una persona moribunda, éste produce desdicha. Durante los últimos veinticinco años más o menos, los autores médicos Atwul Gawande, Michael Barbato, Ira Byock y Timothy Ihrig nos han estado hablando de esto.

Junto con los profesionales en la industria de la muerte, hay muchas almas sabias entrando a nuestro panorama, sin credenciales de enfermeros, doctores, capellanes, o trabajadores sociales, que quieren ayudarnos a morir bien. Dentro y fuera de la atención médica predominante, estamos respondiendo al llamado de que podemos hacerlo mejor al morir. En este momento estamos en la base de un movimiento en el que nos empoderamos los unos a los otros para morir bien. ¿Puedes sentirlo y ver a tu alrededor que la gente quiere saber más acerca de morir bien? ¿Te das cuenta de que cada vez más personas están hablando sobre la muerte? Estos son los primeros pasos necesarios para comenzar a transformar nuestra forma ingenua de ver el proceso de morir y la muerte en nuestro mundo moderno.

Cada vez más nos estamos dando cuenta de que *nosotros* mismos somos responsables de tener una experiencia pacífica al morir. *Nosotros* debemos hacer que todos sepan lo que queremos, debemos asegurarnos de que esté escrito en algún lugar y debemos tener a alguien cercano a nosotros que pueda acceder a esos documentos y hablar por nosotros, en caso de que no podamos hacerlo. Nuestro propósito fundamental es salvar tu vida a toda costa. Si deseas que se te permita morir naturalmente, debes planearlo y tenerlo por escrito. Estamos comenzando a tener estas conversaciones.

Capítulo 4

¿Qué podría haber más allá del servicio de *hospice*?

La medida de la inteligencia es la capacidad de cambiar.
~ Albert Einstein

Antes del 15 de junio del 2005 (el día en que murió mi madre), nunca pensé en ofrecer servicios particulares a las personas. Me tomé un tiempo sin trabajar como enfermera de *hospice* para un centro de cuidados intensivos a largo plazo, tomando un descanso de todos los fallecimientos de los últimos cinco años. Es interesante que, durante este "descanso", mi enfoque en el hospital fue de quién se estaba muriendo y en cómo ayudarlos a obtener el servicio de *hospice* para recibir el apoyo adecuado dentro del hospital o llevarlos a casa y a la comodidad con sus familiares y amigos contando con el apoyo del servicio de *hospice*.

Fui una defensora feroz para los moribundos allí, y estoy segura de que volví locos a todos. No te puedo decir cuántas veces un médico me dijo: "Deanna, siempre piensas que todos se están muriendo" o "Deanna, ¡solo tiene un resfriado, por el amor de Dios!" o "Dale otro tratamiento de respiración y todo estará bien", y luego se reía de mí y sacudía la cabeza. No los culpo, simplemente no sabían que estaban mirando a la muerte directamente a los ojos. No tenían la experiencia que yo había tenido con la muerte durante los cinco años anteriores. No tenían la formación en cuidados paliativos.

Los cuidados paliativos y el conocimiento de la aplicación de cuidados paliativos antes de los servicios de *hospice* es un área que está más allá de *hospice**. *Hospice* se ocupa solo de los enfermos terminales, mientras que los cuidados paliativos son para *todos* los diagnósticos y deben comenzar desde el primer día del diagnóstico. Muchas muertes ocurren fuera del servicio de *hospice*. Muchas personas sufren durante años con una enfermedad avanzada en etapa terminal antes de su muerte, y la medicina paliativa es *la* medicina para este grupo de personas. Por esto, una doula del fin de vida necesita conocer bien sobre cuidados paliativos.

¿Qué *son* los cuidados paliativos? De acuerdo con *Get Palliative Care*:

> *Los cuidados paliativos (pronunciado pa · lia · ti · vos) son la atención médica especializada para personas con enfermedades graves. Se enfocan en proporcionar alivio de los síntomas y el estrés de una enfermedad grave. El objetivo es mejorar la calidad de vida tanto del paciente como de la familia.*

> *Los cuidados paliativos son proporcionados por un equipo especialmente capacitado de médicos, enfermeros, trabajadores sociales y otros especialistas que trabajan junto con los médicos de un paciente para proporcionarle una capa adicional de apoyo. Son apropiados a cualquier edad y en cualquier etapa de una enfermedad grave y pueden administrarse junto con un tratamiento curativo.*

---

* Consulta el capítulo de cuidados paliativos en la sección dedicada a los materiales adicionales.

Cada vez más hospitales, agencias de servicios de salud en el hogar y clínicas incluyen la especialidad de medicina paliativa y la utilizan mucho antes de que los servicios de *hospice* sean apropiados o considerados.

Otra área donde las doulas del fin de vida pueden hacer una gran diferencia es en el momento de vigilia previa a la muerte. *Hospice* no es una entidad de cuidado; es más una entidad de consultoría con servicios especializados. Profesionales como enfermeros, capellanes, trabajadores sociales, auxiliares de enfermería, enfermeros especialistas y, en ocasiones médicos, acudirán donde la persona está muriendo (en casa, en un hospital o en un hogar de ancianos), evaluarán su estado e iniciarán intervenciones que sean útiles física, emocional y espiritualmente para la persona que está muriendo y para toda su familia. Pero el servicio de *hospice* no está configurado para ayudar a cuidar a su ser querido.

Hospice tiene servicios de voluntarios y otro beneficio llamado *cuidado continuo*, que puede ser útil durante los días previos a la muerte. Pero la disponibilidad de voluntarios determinará si se recibe el servicio de voluntarios o no, y se deben cumplir criterios estrictos para el beneficio de cuidado continuo. A veces, las familias sienten que necesitan mucho más apoyo, lo que en su mayoría se traduce en pasar más tiempo con ellos durante estos días que lo que el servicio de *hospice* les puede brindar. Las doulas del fin de vida son invaluables aquí.

Además, en el momento de la muerte, la mayoría de los proveedores de *hospice* suspenden los servicios del equipo de cuidados que visitaba a la familia antes de la muerte y en su lugar, ponen a la familia en contacto con un terapeuta de duelo. Es un miembro diferente del equipo, nuevo para la familia. La transferencia de cuidados puede ser inquietante para una familia. El servicio continuo de una doula entre el antes y el después del fallecimiento de una persona es algo que tranquiliza mucho a las familias.

Otra área donde las doulas pueden ser invaluables es en la cantidad de tiempo que pueden pasar con una familia. A menos que una persona califique para recibir atención continua, la mayoría de las visitas del personal de *hospice* duran una hora o menos. Los servicios de una doula del fin de vida se planean de acuerdo con lo que desea la familia, no según el calendario de una agencia. Por lo tanto, *hospice* puede utilizar los servicios de la doula para intervenir y brindar atención amorosa cuando una familia quiere o necesita apoyo adicional. Este nivel de atención normalmente está más allá de la capacidad del personal de *hospice*.

Por lo tanto, hay muchas razones por las cuales el servicio de una doula del fin de vida sería maravilloso. El servicio de *hospice es* invaluable, pero la cantidad de tiempo que el equipo de *hospice* puede invertir es limitado.

Hay algunas personas que están creando una práctica muy parecida a un servicio de acompañamiento personal, solo con especialización en el final de la vida. Este tipo de doula es un complemento perfecto para los servicios que brinda *hospice*. Sería oportuno que *hospice* emplee doulas para sus situaciones más difíciles.

Las doulas del fin de vida tienen antecedentes muy distintos, por lo que su experiencia varía según el caso. Están apareciendo masivamente, buscando a personas como yo para recibir orientación y capacitación. Es la base de un movimiento de personas que buscan servir a otros en un momento en que casi todos los demás intentan evitarlo. Algunos solo quieren ser mejores para servir a sus familiares y amigos. Algunos quieren hacer más para su comunidad. Algunos quieren ser voluntarios y otros quieren ganarse la vida de esta forma. Estas personas quieren ser parte del cierre de brechas entre el cuidado médico y el cuidado de la muerte. Quieren servir más allá de *hospice*.

Capítulo 5

"Pensé que lo había inventado"

Tu corazón es libre, ten el valor de seguirlo.
~ Watson, en Corazón valiente

Tantas personas me cuentan sus historias de cómo creían que habían inventado este rol. Les encanta contar su momento "¡Ajá!", sobre cómo podrían llevar este deseo al mundo y así servir a los moribundos, "tal como una matrona o doula de parto". Las personas me hablan de sus experiencias sirviendo a sus familiares o amigos y cómo un día se dieron cuenta de que querían hacer esto por los demás. Escucho sus historias todo el tiempo.

La verdad es que éste es un rol que muchos de nosotros hemos realizado como cosa natural, como un "llamado" o no, en el cumplimiento de nuestros deberes humanos al cuidar de nuestros seres queridos en casa, cuando estuvieron enfermos y muriendo.

Recuerdo cuando pensé que había creado este concepto de "matrona de la muerte". Mi experiencia en 1990 con el nacimiento en casa de mi segunda hija con una matrona fue muy fácil de aplicar al contexto del fin de vida, que es a lo que yo me quería dedicar.

Tuve un parto de cesárea de alta tecnología con mi primera hija debido a las decisiones que tomó el médico en ese momento. Hizo todo lo que yo le pedí que no hiciera. No quería otra experiencia así. El médico que asistió el nacimiento de mi primera hija creó un gran drama porque se metió en procesos naturales con sus intervenciones completamente innecesarias. Convirtió una experiencia normal de parto de bajo riesgo en una pesadilla de intervención médica del más alto grado.

Debido a mi decisión de tomar el control de mi segundo embarazo y del nacimiento y, de no repetir esa situación tan grave que puso en peligro mi vida, descubrí que mi mejor opción en ese momento era tener un parto en casa con matronas. Había conversado con varios médicos quienes dijeron que tendría un parto de "alto riesgo" debido a mi cesárea anterior. Pero sentí que no tenía más remedio que tener a mi bebé en casa. Vivíamos a diez minutos del hospital, por lo que me sentí segura de que, si algo "sucedía", estaríamos lo suficientemente cerca. Después de todo, después de mi primera experiencia, no tenía mucha fe. Había estado en un supuesto "lugar seguro", el hospital, y el médico había creado una situación muy riesgosa para mi bebé y para mí.

Durante mi segundo embarazo fui supervisada por un médico que era encantador, que me empoderó y me dio el visto bueno cuando me dijo que era perfectamente capaz de tener un bebé de manera "normal". Gracias, doc, por la confirmación. Realmente lo necesitaba porque, de hecho, ese primer médico puso en mi registro de salud que yo no era una buena candidata para un parto vaginal después de una cesárea.

La experiencia sanadora de las matronas durante mi embarazo, el maravilloso médico que formó parte de mi plan y el empoderamiento que sentí al encargarme de mi salud y la de mi bebé me cambiaron drástica y significativamente. Desde ahí en adelante supe que, con toda seguridad, era mi responsabilidad dirigir la atención médica que iba a recibir, hacer que mis deseos se conocieran y hacer que las cosas sucedieran. Si no lo hacía, iba a estar a merced de las decisiones de mi médico. *Incluso cuando elaboré mi plan de nacimiento con mi primer médico, mis deseos no fueron cumplidos.* Pero sé que hice todo lo posible antes, durante y después de mi embarazo para crear un entorno seguro y que fuera significativo para mí. Eso es lo que estamos llamados a hacer, asumir la responsabilidad por nosotros mismos.

Así que, cuando supe que quería ayudar a que otros se sintieran empoderados para morir como ellos deseaban, fue natural para mí decir: "Soy una matrona de la muerte", como esas hermosas almas que me devolvieron mi confianza en un momento aterrador.

Aparentemente, muchas otras personas de todo el mundo también están "inventando" esto. Es muy reconfortante hablar con personas que cuentan sus historias acerca de cómo descubrieron esto por sí mismas. Es muy bonito y valioso, y hay una inocencia en este descubrimiento que siento que le habla a mi alma.

Capítulo 6

Las personas están despertando

Las mejores y más hermosas cosas en la vida no pueden ser vistas ni tocadas,
deben ser sentidas con el corazón.
~ Helen Keller

Durante los últimos setenta y cinco años más o menos, muchas personas no han formado parte del cuidado de sus propios familiares mientras mueren y, ciertamente, no han estado a cargo de manejar el cuidado de su propia muerte. Pero nuestros tiempos actuales están reflejando un cambio de perspectiva desde hace algunos años. Cada vez más personas se cuestionan el aceptar todos los tratamientos que se les ofrecen. Los servicios de *hospice* son cada vez más comprendidos y aceptados, y los cuidados paliativos antes de *hospice* son algo que ya se ve ahora en muchos hospitales. De hecho, hay una asociación en los Estados Unidos para llevar a cabo funerales en casa. Hay muchas plataformas surgiendo por todas partes donde se trata el tema de la muerte (como el Death Café, un espacio para hablar de la muerte), y varios estados en los Estados Unidos tienen leyes que protegen el suicidio asistido. Sí, finalmente estamos aquí, los *baby boomers* se están muriendo y quieren opciones.

Los hospitales y directores de funerarias han manejado nuestros asuntos relacionados con el morir y la muerte durante la mayor parte del siglo pasado y los dejamos hacerlo voluntariamente. Ya no es así. Hay una tendencia creciente en los Estados Unidos de personas que desean recuperar el control para cuidar a sus propios moribundos y a sus muertos. Esto está sucediendo alrededor del mundo.

Además, en los últimos diez años, más o menos, (desde la década de los 2000), ha habido un desacuerdo entre lo que las personas esperan de *hospice* y lo que reciben. Hay muchas razones para esto que no voy a explorar aquí. Solo sepan que los servicios de *hospice* en los Estados Unidos se están reduciendo. Los profesionales de *hospice* se ven obligados a pasar menos tiempo que antes con las familias, el número de casos asignado a cada empleado ha aumentado significativamente y muchas personas lo comentan. Se espera que esta tendencia continúe. Esta es otra realidad que ha impulsado al movimiento de defensa del fin de vida.

Nos estamos dando cuenta de que podemos haber entregado más control del que hubiéramos querido al final de la vida. Las personas que están llamadas a servir están viendo que les gustaría contribuir al sistema médico actual y están encontrando formas de crear lazos de unión entre los servicios. Están viendo que nuestro sistema actual para atender las necesidades de nuestros moribundos necesita ayuda y quieren ser útiles.

Una voluntad creciente de "ser defensores" está surgiendo en muchas personas que desean opciones al momento de una enfermedad y en el proceso de morir; ya no están luchando contra la muerte a ciegas y a toda costa. La defensa de derechos del paciente está creciendo, igual que el conocimiento de que los cuidados paliativos no son lo mismo que el servicio de *hospice*. La Organización Mundial de la Salud define los cuidados paliativos de esta manera:

Los cuidados paliativos son un enfoque que mejora la calidad de vida de los pacientes y sus familias cuando enfrentan un problema asociado con una enfermedad potencialmente mortal, a través de la prevención y el alivio del sufrimiento, mediante la identificación temprana y la evaluación, y el tratamiento impecable del dolor y otros problemas físicos, psicosociales y espirituales.

Los cuidados paliativos deben planearse y usarse al mismo tiempo que el tratamiento dirigido a la cura. En otras palabras, los cuidados paliativos *no* son solo para los enfermos terminales. Se usan para otras enfermedades además del cáncer y se usan cuando se espera totalmente que los pacientes sobrevivan. *También* es utilizado por *hospice* como su único método de cuidado. Esa es una de las razones por las que las personas han creído erróneamente que los cuidados paliativos y *hospice* son lo mismo.

Los cuidados paliativos pueden ser el puente perfecto para servir a las personas a medida que pasan de esperar una recuperación a obtener apoyo antes de la muerte, y en cada "lugar de apoyo" a lo largo del camino desde el diagnóstico hasta la muerte.

Ahora existe una gran sinergia entre nuestra mejor comprensión (como sociedad) para el empoderamiento con respecto a la forma en que morimos en tiempos modernos y el deseo creciente de la doula del fin de vida de educar y servir. Mediante mis conversaciones con otros educadores de la muerte, llegamos al acuerdo de que la ola de personas que están siendo llamadas a servir está creciendo rápidamente. Curiosamente, están siendo llamados a servir incluso antes de que las personas que los necesiten sepan sobre ellos y de su capacidad para ayudar.

Capítulo 7

¿Quiénes son estas personas, los otros como *tú*?

Cuando haces las cosas desde tu alma,
sientes un río moverse en ti, un regocijo.
~ Jalaluddin Rumi

Aun cuando puedo hablar todos los días con personas que quieren hacer esto, entiendo que la vocación es inusual. Piensa en todas las personas del planeta y luego piensa en cómo tantas personas evitan el tema de la muerte y las discusiones sobre morir cuando se trata de su propio morir o muerte y el de sus familiares y amigos.

Las personas tienden a cerrarse cuando se trata de este tema, aunque estamos viendo un aumento en el número de personas que hablan sobre la muerte en plataformas como Death Café y Death Over Dinner y otras plataformas de conversación que apoyan este tipo de charlas. Pero, en su mayor parte, ¿cuántas personas que conoces sienten que hablar al respecto es negativo?

Pero la gente como tú y yo vamos hacia esta discusión, incluso nos acercamos a ella amistosamente, encontramos alegría con solo pensar en servir a los demás y sentimos una profunda felicidad cuando hemos acompañado a otros y hemos ayudado a crear un círculo sagrado al final de la vida.

Entonces, ¿quiénes son estas personas? No son un solo tipo cualquiera de persona. ¿Esperabas que dijera eso? ¿O pensaste que iba a decir que en su mayoría son de un tipo en específico?

Si cada uno de ellos tiene algo en común, es esto: todos ellos están muy conscientes de que hay muchas personas que le tienen temor a esta transición sagrada y quieren la oportunidad de darles alivio. También hay una cualidad espiritual en cada una de las personas con las que he hablado y que además comparten, independientemente del sistema individual de creencias y enseñanzas religiosas y espirituales. Esa cualidad espiritual es que todos se ven a sí mismos como una presencia sanadora y enraizada, y que esta presencia trae estabilidad a otros en el momento de su muerte. Se sienten cómodos con el morir y la muerte, la respetan, y quieren ser una presencia reconfortante y de anclaje para otros y para sus familias, mientras transitan el camino del morir y la muerte. Queremos empoderar a las personas para que aprendan cómo cuidar de sus propios familiares al morir, recordándoles lo que alguna vez supieron.

Estas personas vienen de todas las religiones y cosmovisiones espirituales. Desde ateos a chamanes, de cristianos fundamentalistas a wiccanos. Vienen de todos los niveles educativos, desde desertores de preparatoria hasta aquéllos con doctorados. Provienen de todas las profesiones: barberos, camareros, médicos, enfermeros especializadas, entrenadores, auxiliares de enfermería, profesores, acupunturistas, amas de casa, psicoterapeutas, representantes de ventas, líderes de organizaciones, abogados, y demás.

Todos ellos tienen una cosa en común: quieren ayudar a traer luz a la oscuridad que hay por el miedo que la mayoría del mundo occidental tiene de morir. Son pioneros en esto, ya que hay pocos modelos a seguir en nuestras comunidades hasta ahora. La mayoría de estas personas sintieron que lo inventaron todo en su mente, pero luego hicieron una búsqueda en Google y vieron que en realidad existía algo llamado "doula de la muerte" o "doula del fin de vida", etc. (Sin embargo, en mi caso, cuando pensé que lo inventé e hice una búsqueda en el 2005, no encontré *a nadie* en las búsquedas en internet que fuera una doula del fin de vida).

Las doulas del fin de vida son personas que desean servir a los demás de diversas maneras, haciéndolo con un enfoque especial desde su área de especialización, como voluntarios y como un trabajo de vida, no solo los fines de semana o después de sus ocho horas de jornada de trabajo. Quieren hacer esto, aunque no haya una garantía de ingresos, riqueza o fama. Están gastando su dinero ganado con mucho esfuerzo en aprender sobre este arte, aunque al momento no hay un "mercado" esperando por ellos. La mayoría de las personas no están conscientes de los servicios de una doula del fin de vida.

Otra realidad es que las doulas del fin de vida se capacitan para servir a una comunidad de personas que no reconocen que están muriendo. Las personas que se inscriben conmigo entienden que son pioneros. Por un lado, la mayoría de las personas dicen que *saben* que morirán, pero, en otro nivel, la mayoría de nosotros nos sorprendemos cuando realmente llega el momento. Para muchos hablar de ello o planificarlo es un pensamiento negativo.

Ellos están listos para salir a sus comunidades y educar al público sobre la necesidad de planificar su proceso de morir y su muerte. Están plenamente conscientes de que la mayoría de las personas no quieren escuchar lo que tienen que decir. La mayoría de las personas en realidad sienten que tienen tiempo para planificar su muerte más tarde.

Pero lo que también es cierto es que se está generando un despertar, no solo en los Estados Unidos, sino en otros países desarrollados y en desarrollo en todo el mundo –por ejemplo, Canadá, Australia, el Reino Unido, Nueva Zelanda, Irlanda y otros países– en cuanto a que necesitamos planificar nuestro morir y nuestra muerte mientras estemos sanos, mientras no hay ninguna enfermedad o cualquier otra situación. Necesitamos hacer esto por razones muy prácticas y debemos darnos cuenta de que enfrentar nuestros temores a la muerte nos permitirá vivir una vida más enriquecedora y satisfactoria.

Una profunda experiencia entra en nuestras vidas cuando, como dice el reverendo Bodhi Be, "nos damos cuenta de que moriremos, simplemente no sabemos cuándo ni cómo". Para nosotros se hace más importante asegurarnos de perdonar, reparar, reconciliar, amar, hacer lo que queremos, decir lo que decimos con convicción y así sucesivamente. La vida está llena de más riqueza, de más profundidad, de más amplitud y de más amor. Muchas cosas tienen mayor significado cuando la realización de la finitud de nuestra vida en la tierra nos da un límite que exige que prestemos atención a nuestro corazón y a lo que realmente queremos. Todo y todos significan más.

Así que estas personas maravillosas como tú y yo son muy dedicadas, deseando invertir su energía, tiempo y dinero para ayudar a completos desconocidos a morir con gracia, en paz y con menos miedo. La probabilidad de encontrar dificultades para comenzar su práctica no los frena. Son apasionados por su vocación. Me cuentan las historias más hermosas sobre cómo supieron que estaban destinados a acompañar a otros. Estoy orgullosa de acompañarlos y agradecida de ser *su* guía.

Capítulo 8

Los contadores y organizadores de armarios

Mientras dejamos que nuestra propia luz brille, inconscientemente
le damos permiso a otras personas para hacer lo mismo.
~ Marianne Williamson

La mayoría de las personas saben que, cuando es el momento de pagar sus impuestos y no saben por donde empezar y quieren ayuda, hay un profesional (una industria) para ayudarlos. Ellos saben el nombre que se le da a este tipo de persona. Se le llama contador, asistente contable o experto en impuestos, entre otros. Se ha establecido un camino para poder encontrar ayuda si la desea. Lo mismo sucede si tienes el dinero y necesitas ayuda con la organización de espacios. La mayoría de las personas saben que pueden llamar a alguien para que venga a organizarles sus armarios.

La mayoría de las personas no tienen idea de que hay alguien que puede ayudarlos mientras que su ser querido declina hacia la muerte. Todo lo que saben es que hay cuidadores y acompañantes (que pueden o no sentirse cómodos con el morir y la muerte).

La mayoría de las personas ni siquiera están conscientes de que hay un movimiento creciente de personas como nosotros y mucho menos saben cómo referirse a nosotros. Las personas en este campo en crecimiento ni siquiera se llaman a sí mismas de la misma manera, aunque puedan estar *haciendo* las mismas cosas. Incluso hay desacuerdo entre las personas que están sirviendo de forma privada en el final de la vida sobre cómo llamarse a sí mismas. Este es un servicio muy personal, creado desde el corazón. Las personas realmente quieren identificarse con el título con el que se llaman a sí mismas, a pesar de que ese mismo rol, con un título diferente, puede ser el mismo. No se trata simplemente de decirle a una persona "solo llámate guía de transición", por ejemplo. Tal vez algún día evolucionemos hacia eso, pero lo dudo.

Este es un servicio centrado en el corazón, no un rol médico. Este es un rol personal y comunitario y un llamado vocacional. Esto está principalmente fuera del sistema en este momento. Las personas que lo hacen son sumamente independientes y apasionadas porque notan la falta de una atención adecuada y tienen su visión de cómo mejorarla. Esta no es una combinación que se preste para un consenso fácil.

Pero en una cosa sí parecen estar de acuerdo: quieren hacer que el proceso de morir sea mejor para todos nosotros y están buscando soluciones que no se logran conectar fácilmente con el sistema actual, el cual consideran tiene muchas fallas. Muchos de ellos provienen de esos sistemas que quieren ayudar a reparar. Han visto las brechas entre el cuidado de la salud y la muerte, y sienten que no pueden ayudar estando dentro del sistema, por lo que eligen servir de forma privada.

Están eligiendo servir fuera de *hospice*, hospitales o clínicas. Pero esto no significa que sea un rol adversario. En mi formación, comparto mi visión de que mantenemos un rol complementario y un rol de defensores con, y dentro, de los hospitales, *hospice* y otras agencias de cuidado, al igual que con la familia. Nosotros ayudamos a las personas y a sus familias y los apoyamos en sus elecciones. Añadimos estabilidad a lo que puede ser una etapa muy difícil. En esto estamos ayudando tanto al sistema como a la familia.

La siguiente lista incluye solo algunos títulos que las personas están usando para llamarse a sí mismas en el rol de "aquel que acompaña a otro en su proceso de morir":

➢ Amicus
➢ Doula de cuidados
➢ Doula de confort
➢ Acompañante de la muerte
➢ Caminante de la muerte
➢ Compañero en la muerte
➢ Coach de muerte
➢ Doula de muerte
➢ Guía de muerte
➢ Matrona de la muerte
➢ Doula para los moribundos
➢ Doula quietus
➢ Doula del fin de vida
➢ Matrona del fin de vida
➢ Coach del fin de vida
➢ Caminante de pérdida y duelo
➢ Matrona para los moribundos
➢ Doula del alma
➢ Guía del alma
➢ Matrona del alma

➢ Coach de transición
➢ Guía de transición

Capítulo 9

Formación práctica

Una buena cabeza y un buen corazón son
siempre una combinación formidable.
~ Nelson Mandela

Comprende esto: si eres una persona que se siente llamada a hacer esto y no tienes experiencia con personas en su lecho de muerte, o si solo tienes muy pocas experiencias, entonces, para ser verdaderamente útil para los demás, debes comprometerte a estar junto a la cama de los moribundos y aprender cómo es, qué necesitan las personas, cómo puedes ser útil y cómo cuidarte a ti mismo. Realmente necesitas saber si esto es algo real para ti o si tal vez sea algo que estás explorando por otras razones.

Explorar todo esto es maravilloso. Pero antes de que decidas iniciar una práctica, es aconsejable tener la disposición de aprender todo lo que puedas. Leer y hacer ejercicios y discutirlo todo es una cosa, "estar allí" es otra muy distinta. No vas a lograr ser una doula del fin de vida preparada después de un taller de fin de semana conmigo, o con cualquier otra persona, o incluso después de meses en mi programa, a menos que hagas una cosa: obtener tu propia experiencia personal. Necesitas tiempo con personas junto a su cama. Eso es lo que solidificará tu vocación. Esa experiencia es tu mejor maestra.

Les pido a todos mis estudiantes que obtengan experiencia práctica en *hospice* y/o en un hospital local. También yo les superviso la parte práctica del programa. Esto es algo muy importante. A veces ese llamado puede que no se trate de crear una práctica para tu comunidad. A veces, este impulso hacia el tema de la muerte y el morir aparece para explorar tu propia mortalidad. La mayoría de las personas en tu círculo te verán como extraño porque muchos de ellos hacen todo lo posible por apartarse de su muerte inevitable. Pero nadie engaña a la muerte, nadie.

Entonces, ¿no es interesante que, para estar en compañía de quienes entienden que te sientes llamado a explorar tu propia mortalidad, no puedes simplemente hablar con tu vecino o amigo al respecto, sino que debes hablar con personas profundamente llamadas a servir a los demás? Esto muestra cuán desconectados estamos como sociedad del hecho de que todos moriremos una muerte segura, solo que no sabemos cómo y no sabemos cuándo.

A veces, una persona tendrá este profundo deseo de saber más para poder servir a su propia familia y amigos a través de la vida y ser la persona a quien acudir. Piensa en lo hermoso que es eso, ser parte de la muerte de las personas que más amas. Tú serás responsable de empoderar a las personas que más amas para que aprendan cómo cuidar a sus propias familias y vecinos. Esta exploración dará un profundo significado a todos aquellos cuyas vidas sean tocadas por ti. Te empodera a ti y a todos a quienes sirvas. Por lo general, alguien está mirando todo el tiempo cuando estoy sirviendo a una familia. Alguien siempre quiere aprender sobre las maneras de ser de "aquel que acompaña".

Capítulo 10

Fuera del sistema

Tu tiempo es limitado, así que no lo desperdicies viviendo la vida de otro.
No te dejes atrapar por el dogma, que es estar viviendo
con los resultados del pensamiento de otros.
No dejes que el ruido de las opiniones de otros
ahogue tu propia voz interior.
Y lo más importante, ten el coraje de seguir tu corazón e intuición.
~ Steve Jobs

La primera ola de personas llamadas a traer paz a los moribundos, aparte de aquellos que nunca dejaron de saberlo (nuestras abuelas y abuelos, y personas que sabían cómo cuidar a los enfermos y moribundos dentro de la familia), fueron miembros de lo que ahora conocemos como el Movimiento de *hospice* y de cuidados paliativos, dirigido por Dame Cicely Saunders, Balfour Mount, entre otros. El movimiento se inició fuera del entorno médico en ese momento, pero por alguien que estaba dentro de él.

Este movimiento recurrió al poder de base de las personas interesadas en hacer una diferencia, y podemos ver lo poderoso que ha sido. *Hospice* se ha incorporado al sistema de Medicare de los Estados Unidos. En los Estados Unidos, los profesionales de cuidados paliativos y sus programas están trabajando para encontrar formas de financiar los cuidados paliativos. Por el momento estos no están completamente cubiertos. El financiamiento de los cuidados paliativos en toda América es muy inconsistente. En otros países alrededor del mundo, como Canadá e Inglaterra, es diferente. En ninguna parte es perfecto.

Aprender a morir naturalmente (morir orgánicamente) en los tiempos actuales está en pañales. Asumimos la muerte de diferentes maneras a lo largo de la historia, pero actualmente estamos muriendo en una época distinta a la del pasado. Estamos muriendo lentamente, con enfermedades crónicas, viviendo con una enfermedad avanzada durante muchos años antes de morir. Solíamos no vivir con una enfermedad durante tanto tiempo. La pregunta de hoy es ¿cómo morimos ahora, hoy en día, en esta época? Después de décadas de pensar que podíamos luchar contra la muerte y ganarle, finalmente estamos empezando a entrar en razón.

Durante los últimos cuarenta años aproximadamente, las personas han estado canalizando su pasión por servir a los moribundos a través del movimiento de *hospice*. Y al igual que todo lo organizativo y médico, existen brechas en la atención en los servicios de *hospice* que tienen que ver principalmente con el tiempo. La gente lo ha experimentado y quiere hacer algo para satisfacer esta necesidad. Las personas que sirven en roles en *hospice*, pagadas o no, hablan de querer "hacer más", de servir "más allá de *hospice*".

Como en cualquier organización, existen reglas dentro de ella que se deben obedecer y límites que observar para mantener la estabilidad. Cada sistema tiene fortalezas y debilidades. En los Estados Unidos, gran parte del interés en esta nueva ola de apoyo en el fin de vida se debe a que las personas responden a las brechas que aún están viendo en el cuidado. Quieren seguir mejorando el modelo.

Además, todavía tenemos la escasa disponibilidad de servicios de *hospice* para muchas personas en todo el mundo, aun en el 2016, incluso en los Estados Unidos, uno de los países más ricos del mundo. De acuerdo con las últimas estadísticas, solo el cuarenta y cinco por ciento de las personas en los Estados Unidos mueren utilizando los servicios de *hospice*. Todavía hay personas que no saben mucho al respecto y que podrían utilizarlo, o que le tienen temor y no *quieren* usarlo. Algunas personas incluso creen que los servicios de *hospice* son usados en un intento de *no* brindar servicios de mejor calidad a cierta clase de personas, que los profesionales médicos están renunciando a salvarlos y les ofrecen una alternativa menos costosa y de menor calidad o que *hospice* es parte de un sistema para "no salvar su vida".

Así, en todo el mundo, el apoyo para los moribundos es inconsistente, y a pesar de que se ha utilizado bien, puede haber fallas en el servicio. La ola inicial de apoyo en la muerte que se inició por medio de *hospice* a finales de la década de 1960 sentó las bases para lo que hoy estamos mejorando. Los *baby boomers* están envejeciendo. El movimiento de hablar sobre la muerte realmente comenzó a dominar el mundo en el 2011, cuando Death Café dio sus primeros pasos (visita www.deathcafe.com). En los Estados Unidos, las preguntas ahora son: ¿cómo lo haces?, ¿cómo cuidas de tus propios moribundos? Estas preguntas se están haciendo en todo el mundo.

Capítulo 11

Hospice y doula del fin de vida

Cuando tu amor y tu habilidad trabajan juntos, espera una obra maestra.
~ John Ruskin

Hasta ahora, la mayoría de las personas que realizaban este trabajo eran profesionales remunerados dentro de la organización de *hospice* y voluntarios. Hay varias posiciones disponibles ahí para las personas que escogen trabajar en relación con la muerte: médico, enfermero, trabajador social, capellán, asistente de enfermería certificado, voluntario y terapeuta de duelo. Estoy ayudando ahora a los proveedores de *hospice* progresistas en la construcción de programas de doulas del fin de vida, por lo que hay un nuevo rol emergente dentro de *hospice*: el rol de voluntario de doula del fin de vida. (Los programas de doula del fin de vida abarcan más que solamente programas de "horas críticas" o de vigilia).

Este nuevo rol dentro de *hospice* para las doulas del fin de vida presta apoyo a *hospice* en áreas clave y conecta sus servicios para que no solo se enfoque en las horas previas a la muerte, sino también para todo el periodo anterior y posterior a la muerte. También está la necesidad de las personas de encontrarle sentido a su vida. El movimiento de "legado" en los círculos alrededor del fin de vida responde a esta necesidad. Puede que lo escuches por otros nombres, como "voluntad o testamento ético" o "proyecto de legado". Este trabajo también se incorpora al rol de una doula del fin de vida dentro de *hospice*.

El papel de la doula del fin de vida es ideal para ocuparse de esta área en un momento en el que *hospice* parece carecer de tiempo. A medida que la doula llega a conocer a la familia, también está recopilando información para cuando llegue el momento de la vigilia y para documentar datos para el proyecto de legado de esa persona.

La doula también pasa mucho tiempo con una persona durante los momentos inminentes a la muerte, si la familia así lo desea. Además, yo recomiendo que la doula del fin de vida realice al menos una o dos visitas para durante el duelo. De ser así, entonces la doula cumple un hermoso papel dentro de *hospice* que ayuda a cerrar esas brechas de cuidados en la muerte bajo el servicio de *hospice*, brindando continuidad de atención al final de la vida, desde el ingreso a los servicios de *hospice* hasta el manejo del duelo. En los círculos alrededor de *hospice* escuchamos mucho sobre los malentendidos y resentimientos de las familias que sienten que fueron abandonadas luego de la muerte de su ser querido y que todo el equipo desapareció de repente. Por mucho que los preparemos para esto, sigue siendo impactante e hiriente en ocasiones. Una doula del fin de vida que comienza siendo parte de las visitas con el resto del equipo y continúa después de la muerte, puede ser útil para calmar todo esto entre las familias.

Capítulo 12

Doula del fin de vida independiente

La pasión moverá a los hombres más allá de sí mismos,
más allá de sus defectos,
más allá de sus fracasos.
~ Joseph Campbell

Si estás involucrado actualmente en el movimiento de empoderamiento en la muerte, seguramente habrás notado los nuevos servicios creativos que se están ofreciendo. La gente está haciendo vigilias de vida, cantando junto a la cama de un enfermo, planificando el final de su vida y ofreciendo servicios de conserjería para el final de la vida. Hay celebrantes y ritualistas. Hay defensores paliativos, chamanes, entrenadores de muerte, matronas del alma y muchos otros roles.

Un creciente número de practicantes están ofreciendo una variedad de servicios creativos como respuesta al deseo de la gente de tomar control de su vida, de la enfermedad, del morir y de la muerte y de su entierro.

Hemos aprendido que un entierro verde es mucho mejor para el medio ambiente que una cremación. Estamos aprendiendo que podemos tener entierros en el mar. Estamos aprendiendo que podemos tener velorios y entierros en casa. Hay tanto que se está desarrollando en torno al final de la vida. Esto coincide con que la generación de los *baby boomers* está llegando a sus años de vejez y están muriendo.

Yo fundé una organización llamada Colectivo de Practicantes del Fin de Vida, *End-of-Life Practitioners Collective* (ELPC, por sus siglas en inglés). Puedes visitar www.endoflifepro.org y unirte si eres una persona que está al servicio de otros en tu comunidad. La gente nos necesita y no tiene idea de cómo encontrarnos. No lo hacemos fácil al llamarnos a nosotros mismos de diferentes formas y al unirnos solamente a los directorios de las escuelas donde nos hemos formado o al darnos a conocer por medio de nuestra propia página web. Ojalá esto ayude a la gente a encontrar el apoyo que necesitan cuando lo necesiten.

Por años, la gente me ha dicho: "Cómo hubiera querido saber de ti y de personas como tú cuando yo pasé por esto". El concepto de ELPC es único ya que los practicantes tienen un lugar donde pueden encontrarse entre sí, recomendarse entre ellos y colaborar, y los clientes tienen la oportunidad de encontrar a alguien que les ayude de diferentes maneras. Por favor, pasen la voz.

Capítulo 13

Una llamada telefónica

Cada uno de nosotros puede hacer la diferencia.
Juntos logramos el cambio.
~ Barbara Mikulski

Nunca podemos saber el resultado de nuestros actos. No sabemos cómo la gente va a responder a nosotros, nunca. Todo lo que podemos hacer es actuar desde lo más alto de nuestro interior y tomar acción.

Una tarde, durante la planificación para mi capacitación en la Conferencia Internacional de Doulas, en abril del 2017 en Maui, organizada por *Doorway Into Light*, tuve un pensamiento. Pude ver que había algo de confusión acerca de lo que está pasando dentro del movimiento de doulas del fin de vida, mientras mi correo explotaba luego de un artículo reciente. Mi pensamiento fue: "llama a la Organización Nacional de *Hospice* y Cuidados Paliativos (National Hospice and Palliative Care Organization), NHPCO por sus siglas en inglés, y habla con alguien", y así lo hice.

Llamé a nuestra agrupación nacional de *hospice*, la más grande y antigua agrupación de *hospice* y cuidados paliativos, la NHPCO. Pensé que sería perfecto hablarles y ver cómo estas increíbles doulas, provenientes de diferentes programas de entrenamiento, podrían ser de ayuda para ellos.

Cuando llamé, una persona me llevó a otra y así, un buen día, me encontré hablando con John Mastrojohn, COO (Jefe de Operaciones) de la NHPCO. ¡Qué conversación más encantadora fue esa! Él, al igual que yo, pensó que sería genial mantenernos en contacto. Le envié una lista de educadores del fin de vida que capacitan a laicos y profesionales en el cuidado de la salud al final de la vida, sin importar cómo se llamaban a ellos mismos. Él nos invitó a todos a reunirnos en San Diego ese septiembre durante la Conferencia de Liderazgo y Dirección.

Aquellos que respondieron y asistieron a la conferencia conmigo fueron Tarron Estes de *Conscious Dying*; Merilynne Rush, de *Lifespan Doula Association*; Patty Burgess-Brecht de *Teaching Transitions/Doing Death Differently*; Trudy Brown, asistente de Patty; Suzanne O`Brien de *Doulagivers*; de la NHPCO, John Mastrojohn, COO; Edo Banach, CEO; y Beth Fells, directora ejecutiva en la NHPCO.

Hablamos sobre la actualidad de este movimiento, la historia que nos trajo hasta aquí y nuestra visión sobre el futuro. Hablamos de las posibles formas en que podemos ayudar a *hospice* y a organizaciones de cuidados paliativos, y cuál sería la mejor forma, como capacitadores, de traer todo ese talento a la industria. Luego tuvimos la reunión donde nació la idea de lo que hoy conocemos como La Alianza Nacional de Doulas del Fin de Vida (*National End-of-Life Doula Alliance*. NEDA, por sus siglas en inglés).

En la segunda reunión con el personal de NHPCO en Alexandria, Virginia, en noviembre del 2017, John nos sorprendió con una maravillosa idea. Nos dijo que preguntaría a la mesa directiva si seria de beneficio para la NHPCO crear un consejo de doulas del fin de vida, donde pudiéramos educar a los proveedores de *hospice* y organizaciones de cuidados paliativos que fueran miembros y al público en general, sobre nosotros y sobre cómo podríamos ser de ayuda para ellos. ¡Todos quedamos encantados y muy agradecidos! En esta reunión estuvieron conmigo Lee Webster, pionero en la educación y defensa del final de la vida, Henry Fersko-Weiss, Janie Rakow y Jerry Glatter de *INELDA*, Patty Burgess-Brecht, de *Teaching Transitions*, y Suzanne O`Brien, de *Doulagivers*, junto con John Mastrojohn y Beth Fells de NHPCO.

El 7 de febrero del 2018 recibí una llamada. No pude contestar, pero cuando vi quién había llamado, fui a escuchar de inmediato mi buzón de voz (todavía tengo el mensaje). Ese es el día en que Beth llamó para decirme que la mesa directiva había aprobado la Comisión de Doulas del Fin de Vida.

Un nuevo día nació para las doulas del fin de vida. Hemos trabajado muy duro para esto. La gran conexión se estaba iniciando. La conexión era entre un grupo de personas con mucha pasión que querían ayudar en los campos no médicos y de formas innovadoras, y los proveedores de servicios que al momento necesitaban ayuda brindando servicio a los moribundos. Estas doulas del fin de vida se están convirtiendo en un poderoso puente adjunto a nuestro sistema de salud actual.

Nunca subestimes el poder de ninguna de tus acciones. Hay mucha gente alrededor del mundo que quiere hacer lo que nosotros estamos haciendo. Quieren ayudar y ser parte de la solución para el morir bien en los tiempos modernos. Todo lo que acabo de describir pasó gracias a que varias personas dijeron sí. John me dijo sí, y todas las personas que han jugado un rol desde entonces le dijeron sí a él y a todos los involucrados. ¿Quién te dirá "sí" a ti?

SEGUNDA PARTE
Cómo acompañar a los moribundos

Como doula del fin de vida, puede que te sientas llamada a ayudar a personas durante todo el proceso, desde su bienestar hasta el duelo. Puede que sientas un llamado especial hacia un periodo específico durante el momento de la vida o puede que quieras involucrarte en todos los periodos.

Yo creo que el rol de doula es excelente durante todas las etapas de la vida. Estamos muy familiarizados con este rol durante la fase de nacimiento. Y la mayoría de nosotros sabemos que hay consejeros –consultores o entrenadores– para cuando nos casamos o queremos encontrar una vida o carrera más plena. Pero, ¿qué hay de las otras transiciones significativas? Está bien usar el rol de una doula en todas las fases durante nuestra transición, no solo para el final de la vida. Sin embargo, en este libro nos enfocaremos en el periodo del fin de vida.

Capítulo 14

¿Dónde comenzamos?

Nunca es muy concurrida la milla extra.
~ Wayne Dyer

Como doula del fin de vida, ¿dónde iniciarás tu camino con las personas? ¿Quieres solamente enfocarte en el periodo de la muerte inminente, durante los días y horas previos a la muerte, y los días y horas después de la muerte? ¿Quieres ser parte de la asistencia a pacientes antes de estos momentos, cuando están declinando (antes de usar los servicios de *hospice*) y no le está yendo bien en el proceso?

¿O quieres educar y acompañar a las personas luego de recibir su diagnóstico, durante la fase temprana de la enfermedad, y ayudarlos a manejarla? ¿Quieres educar acerca de la muerte y el morir, su planificación y las voluntades anticipadas mientras las personas se encuentran sanas y disfrutando de la vida, para ayudarlos a ver que abordar estos temas de su muerte durante estos años traerá el mejor resultado para todos? ¿Quieres guiar a las personas durante la vigilia luego de ocurrida la muerte (como consejero funerario en casa) y/o durante los entierros en casa? ¿Quieres ofrecer acompañamiento durante el duelo, sin importar el resto de cosas que haces?

¿Eres un profesional de otras modalidades de sanación que quiere incluir los servicios del fin de vida en su portafolio? ¿Eres la persona a la todos acuden cuando algo "malo" pasa o cuando alguien está muriendo? ¿Eres tú la persona que sabe muy bien el proceso del final de la vida y quieres compartir tu conocimiento y servir a tu comunidad de manera privada? ¿Estás trabajando con alguna organización y quieres crear tu propia práctica del final de la vida dentro de la misma?

En este libro, voy a compartir cómo acompañar a los moribundos. Pero primero es importante que decidas dónde quieres empezar tu camino con una persona. Abordaré la ayuda a otros en cada periodo.

Capítulo 15

Cuando todo está bien

Cada noche, cuando voy a dormir, yo muero.
Y a la mañana siguiente, cuando despierto, vuelvo a nacer.
~ Mahatma Gandhi

¿Sabes realmente si en *este mismo momento* no estás en las etapas tempranas de un cáncer agresivo que no se manifestará hasta que estés próximo a la muerte? No estoy tratando de ser negativa, esto a veces pasa. ¿Estás seguro de que no vas a caer por las gradas y quedar con muerte cerebral por el resto de tu vida? ¿Puedes estar seguro que no vas a tener un accidente que te deje repentinamente inconsciente? No lo puedes saber, ¿cierto?

¿Cómo logramos que cada uno de nosotros vea que esto es verdad, que todos vamos a morir y que ninguno de nosotros sabe cómo ni cuándo? Necesitamos convencernos del hecho de que, si pensamos y planificamos nuestra muerte y el morir, será lo mejor para nosotros y nuestra familia. Esto no hará que suceda más rápido (he estado hablando de esto durante veinte años ya). Esto permitirá que el proceso se convierta en una experiencia más tranquila cuando suceda. Porque va a suceder.

Si quieres involucrarte con personas que al momento están saludables, que no presentan ningún problema serio, una de las maneras de hacerlo es tratar de comunicar el mensaje de una manera divertida. El humor logra mucho, especialmente con este grupo de personas. Recuerda, muchas personas le tienen fobia a la muerte –se sienten muy incómodas con el morir y la muerte– y muchas risas nerviosas suelen suscitarse de todas formas. Saca ventaja de eso.

¿Dónde puedes tener contacto con personas felizmente comprometidas con la vida? Talleres experimentales o eventos de medio día serían perfectos si quieres captar la atención de la gente. En ese momento, los asistentes a estos eventos no están pensando activamente en su propia muerte. Puedes ser más atrevido en tus seminarios, retiros espirituales, talleres o cualquier otra cosa que tengas bajo la manga.

Puedes también abordar esto con seriedad. Puedes organizar un taller con personas que están muriendo, que quieran compartir sus experiencias con aquellos que no lo estén. Esto sería una gran introducción a la manera en cómo ellos están enfrentando su muerte. O podrías hacer el proyecto de un documental, que podrías compartir con otros. Pregunta en tu *hospice* local si saben de personas a las que les gustaría ser entrevistadas sobre cómo se siente estar muriendo y cómo lo están manejando. Hay muchas posibilidades.

Como doula del fin de vida, parte de tu práctica puede ser involucrarte con personas ahora, en lo mejor de su vida. Es el momento perfecto, y muchas personas sienten el llamado a educar en ese momento. Siempre puedes ser el facilitador de un diálogo, no tienes que ser un experto para hacerlo. Si quieres hablar sobre cierto tema, por favor, asegúrate que sea uno en el que te sientas muy desenvuelto, o podrías invitar a expertos en cierto tema dentro de la comunidad.

Como un líder en el cuidado del fin de vida en tu comunidad, es bueno que seas parte del empoderamiento y la educación en tu comunidad sobre por qué es recomendable la planificación ahora mientras tienen salud y su vida está bien, y enseñarles los beneficios de hacerlo.

¿Por qué debemos planificar ahora?
- Es menos doloroso emocionalmente.
- Tienes la oportunidad de hacer tus deseos realidad. Recuerda, todos vamos a morir, solo que no sabemos cómo ni cuándo. Algunas personas se aferrarán innecesariamente, aun cuando están muriendo o están "técnicamente" muertos, porque estas decisiones no se tomaron o no fueron conocidas con anticipación.
- Eres un ejemplo a seguir por tomar la responsabilidad sobre tu propia vida y tu muerte. Eres una inspiración para que otras personas hagan lo mismo.
- Estás liberando a tu familia de sentir un gran peso de culpa. Si tienes un plan que ellos puedan seguir, no estarán en el predicamento de tener que tomar tus decisiones por ti.
- Es el regalo más bondadoso que podrás hacerle a quienes amas.

Puntos clave para la fase "todo está bien":
1. Provee un tiempo para conversar con tu familia, amigos y miembros de la comunidad sobre el morir, la muerte, las voluntades anticipadas y temas relacionados con el fin de la vida.

2. Cuando las personas están saludables, no se sienten tan amenazadas de hablar sobre voluntades anticipadas ni planes funerarios o de entierro.

3. Organiza pequeñas reuniones para hablar de temas específicos y explora los pensamientos de las personas.

4. Completa tus propias voluntades anticipadas y ten tus propios planes funerarios y de entierro listos. No tienes que comprar nada, solo anota a dónde quieres ir y a qué servicio quieres usar.

Capítulo 16

Etapa temprana en el proceso de la enfermedad (hasta que los tratamientos empiezan a dejar de funcionar)

El temor a la muerte viene del temor a la vida.
Un hombre que vive plenamente está preparado
para morir en cualquier momento.
~ Mark Twain

Puede que seas una doula del fin de vida o un practicante que acompañará también a pacientes durante el proceso de su enfermedad. Este es un rol perfecto para personas que ya manejan un enfoque de defensores dentro de su práctica o para quienes lo visualizan de esta manera. Ya sea que la persona haya sido diagnosticada como terminal o que se espere completamente que viva, acompañarla durante este tiempo de incertidumbre, llena de tensión por esta tremenda ansiedad y búsqueda espiritual, manteniéndose desapegada de sus sentimientos frente al tratamiento –ya sea de manera convencional, alternativa o alguna otra– es extremadamente útil durante estos momentos.

Es aquí cuando muchas personas enfermas se sienten agobiadas y perdidas. Puede que estén enfrentando por primera vez el temor a su propia muerte. Sin importar su edad, esto es muy desorientador. Todo lo que esa persona ha creído y en lo que ha basado su vida hasta ahora será cuestionado. Él o ella está en una crisis de supervivencia. Aun si el diagnóstico del cáncer es "menor", la palabra *cáncer,* por lo general, lleva a las personas al borde de su muerte en su mente.

Además, pueden existir muchos cabos sueltos en la prestación de servicios de salud en este momento, los cuales dependen de los servicios en tu ciudad de residencia y de tu proveedor de servicios. Aun cuando las compañías de seguros y los hospitales están desarrollando nuevos roles, como "navegadores", por ejemplo, muchas personas dentro del sistema reportan sentirse perdidas o temerosas. Sienten que no están recibiendo la información de forma consistente.

Si quieres ayudar a las personas en esta etapa, aprende todo lo que puedas sobre programas de cuidados paliativos (fuera de los servicios de *hospice*) en tu área y familiarízate con "modalidades alternativas" que pueden ayudar con el manejo de síntomas, como por ejemplo acupuntura, quiropráctica, reiki, aromaterapia, masaje terapéutico y así sucesivamente. Encuentra personas que ofrezcan apoyo espiritual y emocional para varias condiciones.

Una práctica de acompañamiento a personas en busca de significado basada en lo espiritual sería perfecta en este momento, como la realización de proyectos de legado y la reconciliación con familiares y amigos, entre otras. También sería perfecta una práctica que ayuda en temas prácticos, especialmente ayudando a pacientes con sus facturas médicas y reclamos del seguro. Estas actividades son desalentadoras para la mayoría de las personas.

Una práctica de defensa del paciente sería perfecta para las personas que conocen bastante bien el sistema médico, independientemente de cómo adquirieron ese conocimiento. No tienes que ser un profesional médico para ser excelente en eso. Tienes que ser recursivo, estar empapado de todo lo relacionado al sector salud y estar dispuesto a hacer muchos trámites a favor de la familia. También vale la pena considerar programas profesionales de defensa del paciente.

Lo más importante que se debe recordar como doula del fin de vida es que vas caminando al lado de una persona y de su familia. No te dejes atrapar creyendo en que debes darles consejos. A menos que seas experto en un área específica con la cual esa persona necesita ayuda, no deberías ofrecer consejos. Puedes ser una compañía, ayudar con tareas prácticas, asegurarte que las cosas estén lográndose, ayudarles realizando averiguaciones y haciendo las citas médicas y los tramites del seguro médico.

Asimismo, este es un momento perfecto para proyectos de legado. Las personas que están enfrentando su propia mortalidad generalmente contemplan seriamente lo que es significativo para ellos. Muchos describen esta etapa como un periodo de transformación profunda. Es el momento ideal para asistirlos en un proyecto que pueda encapsular lo que le ha dado significado a su vida hasta ahora y lo que ven para las siguientes generaciones. Este sería un momento genial para algún tipo de proyecto, como por ejemplo un testamento ético, una historia contada, entrevistas en video y/o un proyecto escrito. Esto no solo será de gran significado para ellos si sobrevivieran, sino también ayudará a procesar sus emociones.

Lo que sea que escojas hacer, asegúrate de que sea algo en lo te sientas seguro al hacerlo, que sepas de lo que estás hablando, que tengas las credenciales y

57

antecedentes necesarios, y que no te representes falsamente de alguna manera. *No exageres la verdad, no necesitas ser un experto para acompañar.*

Durante esta etapa, algunas de las personas a las que sirves morirán rápidamente o de forma inesperada. Por lo general, al inicio del diagnóstico de una enfermedad grave, independientemente de cuán grave sea, las personas sienten la furia de pelearla y tienen la esperanza de que ellos serán el caso milagroso. Por supuesto, algunas veces la persona morirá "inesperadamente". Algunas veces, especialmente en casos de tratamientos de cáncer, por ejemplo, alguien puede llegar a estar muy cerca de la muerte o a dar la impresión de que en verdad está en el proceso de morir. Si estás trabajando con estas personas en esos momentos, es importante hacerles notar que es bueno tener todos sus asuntos en orden, solo por si hay momentos en los que no puedan hablar por si mismos. Ser un defensor en estos casos es lo más bondadoso que puedes hacer por esa persona y su familia.

Si la persona está muriendo, lo más probable es que tú puedas ver que esto está sucediendo. La persona y/o su familia pueden no estar dispuestos a verlo. Tú puedes ser una pieza clave durante estos momentos porque puedes ofrecer sugerencias u orientación para que puedan sobrellevar este proceso con mayor paz, aun cuando ninguno de ellos sea capaz o esté dispuesto a admitir que la persona está muriendo. Se proactivo para tener preparados la asistencia, los recursos y las opciones, para que la persona y/o su cuidador pueda tomar acciones que no sean de último minuto. Debes usar tu discernimiento sobre cuándo y cómo abordar el hecho de que es probable que lo que está sucediendo en este momento es que la persona esté muriendo, y que prepararse para ello es lo mejor que se puede hacer para que la persona tenga la mejor oportunidad de morir bien y dejar a sus seres queridos en la mejor situación posible.

Aunque no es tu trabajo ni responsabilidad tomar decisiones por ellos o decirles qué hacer, sí está en tu rol el tener opciones disponibles y pensar en personas que puedan ayudar. Conoce gente dentro del campo de los cuidados paliativos o de *hospice* a los que puedas llamar rápidamente. Debes saber que, para ingresar a los servicios de cuidados paliativos, la persona necesita generalmente una derivación de su médico de cabecera. Les toma tiempo a los consultorios médicos mandar los registros del paciente a los servicios de cuidados paliativos y al médico de cuidados paliativos le toma tiempo revisar dichos registros y aceptar el caso.

Es importante obtener esta derivación tan pronto sea evidente que esta va a ser necesaria. Algunos profesionales no consideran esta opción a menos que la persona tenga síntomas severos e inimaginables. Busca información sobre los documentos y pasos necesarios para obtener una derivación en tu localidad.

Tantas personas, luego de la muerte de una persona querida, describen la transición entre la salud y la muerte como una pesadilla. Suelen mencionar que tanto ellos como el resto de las personas a su alrededor no sabían lo que estaba pasando. Por lo menos contigo ahí, *hay una gran posibilidad de que todo salga de la mejor manera, aun cuando sea el momento de morir para esa persona.*

Puntos importantes en la "etapa temprana":
1. Conoce las opciones de cuidados paliativos en tu localidad. Conoce a los médicos, los hospitales y las clínicas en tu ciudad que ofrezcan equipos o programas de cuidados paliativos fuera de los servicios de *hospice*. Pueden llamarse "cuidados de apoyo" o "manejo de enfermedades avanzadas".
2. Ten un contacto en quien confíes dentro de *hospice* que te pueda atender de manera rápida. Hay momentos en que el estado de una persona puede decaer rápidamente y los médicos en el caso no consideran justificado una

derivación para estar bajo el servicio de *hospice*, pero la persona que está muriendo desea contactarlo. Haz que tu contacto dentro de *hospice* lo llame y que juntos resuelvan la forma de conversar lo más rápido posible. Lo más probable es que la persona y su familia estén abrumadas y que los médicos en el caso y el hospital no sean expertos en temas relacionados con el fin de vida o que ni siquiera reconozcan que la persona está muriendo.

3. Practica la escucha profunda, no hables ni des consejos, por más que sientas el impulso de hacerlo. Las personas necesitan trabajar en sus propios asuntos y necesitan mucho espacio para hacerlo, están resolviendo su vida. La mayoría del tiempo, ellos solo necesitan un testigo amoroso de lo que está sucediendo. Si necesitan consejos, deja que sean ellos quienes los pidan. Erra por el lado de *sin consejos*.

4. Ayuda práctica puede ser lo mejor que puedas ofrecer en este momento.

5. Asiste a la persona en un proyecto de legado.

6. Si ves que el proceso de morir está ocurriendo rápidamente y nadie parece percatarse de ello, habla con la persona más razonable de la familia y pregúntale qué es lo que le parece que está pasando. Pregúntale que, si de hecho la persona está muriendo, si le gustaría más apoyo del que recibe en este momento o si está dispuesto a hablar con el médico acerca de una derivación para estar bajo los servicios de *hospice*. Pregúntale si desea que lo acompañes. Debes estar preparado para ayudar a la familia en el proceso de ingreso de la persona al servicio de *hospice* en caso de que sea necesario.

Capítulo 17

Decaimiento por la enfermedad avanzada (antes del servicio de *hospice*)

Con cada respiración, te acercas más a la tumba.
Pero con cada respiración, también puedes acercarte más a tu liberación.
~ Sadhguru

Cuando llega el momento de la enfermedad en etapa terminal y de la enfermedad avanzada, seguramente deben haber pasado muchas cosas para tratar de sanar y recuperarse por completo. Ya se han perdido muchas esperanzas de que las cosas vuelvan a ser como antes de la enfermedad. Las personas ahora buscan alivio al sufrimiento y están tratando de "estar en control" de su enfermedad o de mantenerse lo más funcionales posibles.

A menos que la persona sea diagnosticada como "terminal" e incluso si alguien es diagnosticado en etapa terminal, puede haber un alto nivel de esperanza de recuperación o de un regreso a un cierto nivel funcional previo. A menudo, sin embargo, la gente intenta realmente mantener lo que tiene al momento y por eso afirma su esperanza de una vida más larga de la que se está proyectando.

Entendemos esto, ¿cierto? Es rara la persona que toma esta etapa con calma y se da cuenta que va declinando hacia su muerte y no lucha contra ella. Muchas personas mueren durante esta etapa sin el apoyo de *hospice*. Morir en este periodo suele ser estresante, aterrador, caótico y desalentador para la persona y su familia. Existe mucha confusión también en el círculo médico sobre cómo ocuparse de las personas en esta etapa. Hay mucha discrepancia en la formación de los profesionales médicos en relación a esta etapa. En pocas palabras, estos son momentos duros para *todos* para transitar dentro y fuera de los círculos médicos.

Pero contamos con la profesión médica para que nos guíe en el cuidado de la salud. Sí, así es. Y en los cuidados de la muerte contamos con los proveedores de *hospice* para guiarnos. ¿Pero qué hay acerca del momento medio entre ambas etapas? ¿Qué hay acerca de este término medio entre "hacer todo" y "no hacer nada"?

Hablemos de este momento en el que todos los involucrados entienden que no estamos ni al principio, ni estamos al final, pero que definitivamente estamos avanzando hacia la muerte. Asumamos, para propósito de nuestra discusión, que las personas involucradas sienten que es posible que la muerte llegue "dentro de un año más o menos". Muchas personas incluso viven por años con un diagnóstico de una enfermedad en "etapa final". Así mismo, muchas personas mueren en esta etapa y son sorprendidas sin preparación.

Puede que empieces a escuchar la palabra *terminal* y la palabra *hospice*. Puede que se pronuncien las palabras *enfermedad en etapa terminal* o *enfermedad avanzada*. A lo mejor se declare *incurable*. En la realidad, la mayoría de los doctores refieren a sus pacientes al servicio de *hospice* demasiado tarde en el proceso de la muerte.

Se debe entender que el hecho de que una persona no reciba una derivación para estar bajo el servicio de *hospice* no significa que no esté muriendo. Solamente un 45% de personas mueren bajo el servicio de *hospice* según las últimas estadísticas*. Eso significa que hay un gran número de muertes que suceden fuera del cuidado de *hospice*. Y muchas de esas muertes que suceden "bajo el cuidado de *hospice*" suceden dentro de la última semana de vida más o menos (de acuerdo al estudio mencionado). En otras palabras, la mayoría de las muertes previas a la etapa de muerte inminente suceden sin el apoyo de *hospice*.

¿Puedes ver por qué este rol de ser un guía en estos momentos también puede ser uno de los más gratificantes y desafiantes? Es una parte diferente del sector salud. Ser una doula como complemento dentro del modelo de atención de *hospice* es realmente diferente a ser una doula dentro del modelo de atención en casos graves, incluso si las personas están en el mismo punto exacto en su proceso de muerte. Tu rol como doula del fin de vida es ser un defensor en ambos casos, pero si la persona todavía está en el sistema de atención de cuidados graves, se te verá más como un defensor de la salud, así como un acompañante emocional y espiritual.

Por lo general, las personas en esta etapa están todavía abiertas a intentar cosas nuevas, especialmente si continúan sufriendo y no han recibido cuidados paliativos apropiados. Preséntales los cuidados paliativos si ellos no los han experimentado todavía. Si no están sufriendo físicamente, déjales saber sobre este tipo de cuidados, empieza a hacer una búsqueda en tu área y mantente cerca en caso de que aparezcan problemas. No esperes a que llegue una crisis.

---

* 2015, NHPCO, *Hechos y figuras: Hospice Care* en América reportó un número total de muertes en *hospice* estimadas en el 2014 de 1'200,000 y *The Centers for Disease Control* reportó un total de muertes en los Estados Unidos en el 2014 de 2'626,418.

Muchas personas en esta etapa muestran intensificaciones sobre su enfermedad y visitan frecuentemente los hospitales. Nuevamente, los cuidados paliativos son el único método que va a minimizar esta locura. Encuentra la persona indicada para ayudar con los síntomas del tipo de los que experimenta el enfermo a quien estas ayudando. Pregúntale a esta persona si desea seguir con las hospitalizaciones, qué es lo que su médico ha dicho sobre el avance de su enfermedad, si alguien le ha mencionado sobre los servicios de *hospice* y otras preguntas que ayudarán a que tengas claridad sobre lo que esa persona necesita.

Si el paciente a quien estás ayudando no ha completado sus voluntades anticipadas, estas necesitan ser mencionadas. Ayúdale a completar el papeleo. Ayuda facilitando un encuentro familiar de ser necesario para dejarles saber quién es el que importa en ese momento, lo que el cliente quiere y dónde encuentran estos papeles.

En enfermedades avanzadas, o en enfermedades en etapa terminal, algunas personas están de hecho en el proceso de morir sin recibir ningún servicio de *hospice*. Ellos van y vienen del hospital, y nadie esta consiente del hecho, ni habla del hecho de que la persona está muriendo. Tú puedes ser capaz de verlo, y nadie dentro del sistema de salud se ha hecho cargo. Si ves esto, habla con el enfermo y pregúntale qué es lo que siente que está sucediendo. En un gran número de casos, ellos saben lo que está pasando, pero no lo exteriorizan porque no hay una persona con la que se sientan seguros hablando de esto.

Esta es una verdad desafortunada pero que debes conocer: el sistema de salud actual no considera el tiempo que toma el ocuparse de personas que están muriendo, especialmente aquellas en transición a la etapa terminal. El tener "esa conversación" con alguien que está muriendo, y no solo está "enfermo con un resfriado", toma tiempo. Desafortunadamente, más de un doctor me ha dicho no haber tenido el tiempo de lidiar con estas conversaciones, y *ellos lo sabían en ese momento*.

Así que las personas no deberían asumir que, a pesar de que nadie les ha hablado sobre *hospice* o el morir bajo los servicios de *hospice*, los enfermos no están muriendo. Puede ser tan simple como que nadie tiene el tiempo para hablar de ello. Puede ser que el equipo médico actual no está bien entrenado para hablar de ello o que les incomoda hacerlo. No asumas que todo profesional del cuidado de la salud es bueno en todas las etapas de los servicios de salud. No lo son. Por eso existen las especialidades.

Cuando las personas entienden completamente que tienen una enfermedad avanzada o una enfermedad en etapa terminal, por lo general, comprenden que no volverán a su estado funcional como era antes de la enfermedad. Habla con ellos y pregúntales si desean conversar sobre lo que está ocurriendo con su cuidador principal y su familia, especialmente si ves que la persona está en camino hacia la muerte y nadie lo ha mencionado hasta ahora. Averigua si desea la ayuda de algún amigo cercano, de un capellán o de un profesional que lo ayude con esta conversación. El inicio de esta conversación puede resultar muy emocional, pero les estarás ayudando a poner sus cosas en orden y a que se cumplan sus deseos mientras todavía hay tiempo.

No es el momento ideal para poner los asuntos de alguien en orden, pero esto es mejor a que ocurra una muerte en medio de una crisis. El mejor momento para poner los asuntos en orden, realizar las voluntades anticipadas y tener un plan de vigilias establecido es cuando todo está bien, cuando la salud de la persona es excelente. Pero muchas veces no se hace nada de esto hasta justo antes de la muerte y, aun así, esto es mejor que no tener *ningún* apoyo.

Lo más probable es que si te reúnes con alguien en esta etapa que quiere tu ayuda y que no tiene los servicios de *hospice*, tú puedas ayudarlo para que reciba esta clase de servicios durante el tiempo que pases con él. Investiga todo lo que puedas sobre *hospice* y los proveedores de *hospice* en tu área.

Si tú ves claramente que la persona que está en su transición hacia la muerte no cuenta con los servicios de *hospice*, tu rol es, si la persona está consiente todavía, averiguar qué es lo que ella quiere. ¿Quiere la persona, tal vez, tener una muerte natural, apoyada por *hospice*, con su familia, en paz? ¿Quiere la persona intentar todos los métodos imaginables para mantenerse con vida? Tú lo puedes averiguar al preguntárselo directamente: *"Si alguien entra a tu habitación y tu corazón ha dejado de latir, ¿deseas que se usen medidas extremas para tratar de revivirte?"*. Si la respuesta es "no, deseo que me dejen ir de forma natural y en paz", preséntale la posibilidad de acceder a los servicios de *hospice*. Si la respuesta es "sí, deseo intentar todo lo imaginable para mantenerme vivo", tú sabes que esa persona prefiere ir a un hospital cuando los síntomas se tornen severos.

Si la persona no tiene un buen sistema de cuidados paliativos y está muriendo sin tener los servicios de *hospice*, sus síntomas pueden tornarse severos. Algunas personas pueden decaer tranquilamente. Como doula, tu rol en esta etapa y en este escenario es conocer todas las opciones de consulta de cuidados paliativos, conocer las preferencias de tu cliente en cuanto a una muerte natural o en cuanto a medidas extremas y conocer y observar tus límites.

Puntos claves en la etapa de "la enfermedad avanzada" (antes del servicio de *hospice*):

1. Conoce qué siente la familia sobre los servicios de *hospice*.
2. Asegúrate de que la persona y su familia sepan que el sufrimiento no tiene que ser parte del proceso y que no tiene que estar necesariamente muriendo para estar cómodo. La medicina paliativa es posible antes de acudir a los servicios de *hospice*. Consulta el capítulo de "Cuidados

paliativos" en la sección dedicada a los Materiales adicionales para discusiones sobre cuidados paliativos.

3. Encuentra los médicos paliativos, programas, clínicas y hospitales en tu área que tengan excelentes servicios de cuidados paliativos para personas que no estén bajo los servicios de *hospice*.

4. Conoce a alguien dentro de *hospice* a quien puedas llamar si la familia desea contratar los servicios de *hospice*, y a un médico a quien llamar para que refiera a la persona. Deja que *hospice* se encargue de eso, ellos están acostumbrados a estas situaciones.

Capítulo 18

La decisión sobre *hospice*

Un hombre moribundo necesita morir, así como un hombre somnoliento
necesita dormir. Y ahí llega el momento en que es incorrecto,
además de inútil, resistir.
~ Stewart Alsop

Queremos ser parte de crear una realidad más agradable para la mayoría de las personas, queremos que la decisión de acceder a los servicios de *hospice* no se tome durante una crisis. En el 2018, fueron más las personas que decidieron acudir a *hospice* debido a una "emergencia" que las que no lo hicieron.

La emergencia suele ser que la persona está muriendo, y esta persona y su familia están siendo finalmente referidas a *hospice* en este dramático estado, ya sea porque el médico no lo recomendó con suficiente tiempo o porque la persona y/o familia no ha aceptado que está muriendo y se ha rehusado a aceptar los servicios de *hospice*. Es uno de estos escenarios, o los dos, el que origina la decisión en medio de una crisis de acudir a los servicios de *hospice*.

Soñemos por un minuto. ¿Cómo sería si la persona con una enfermedad avanzada recibiera un excelente servicio de cuidados paliativos durante todo el tiempo, mientras recibe tratamientos curativos? ¿Cómo sería si la familia entera estuviera recibiendo los servicios de los cuidados paliativos también? Imagina que los síntomas de la persona han sido bien manejados mientras busca su curación y que la familia de esta persona ha recibido excelente apoyo emocional y espiritual también. A esto se le llamaría un excelente cuidado paliativo.

Entonces, en algún momento, se vuelve evidente que los tratamientos curativos serán inútiles y que, más que ayudar, le harán daño a esa persona. Así que ahora solo vamos a quitar los tratamientos que le hacen daño y vamos a continuar con los excelentes cuidados paliativos. Ahora ya no estamos en una crisis causada por síntomas inimaginables, ni estamos a las carreras por ingresar a los servicios de *hospice* al último momento. En vez de eso, estamos tomando decisiones lógicas, basadas en la situación. Nos estamos dando cuenta de que *hospice* es el siguiente, y el mejor paso que podríamos dar debido a que no hay tratamiento curativo que sea aceptable en este punto. Puede ser triste, por supuesto, pero no es una crisis.

A esto es a lo que apuntamos: a tomar la decisión de ingresar a *hospice* como "el siguiente y el mejor paso". Permitir la adrenalina y el miedo en alguien que está muriendo en una serie incontrolada de eventos médicos es inconcebible. Todos tenemos que poner de nuestra parte para detener esta locura. Todos formamos parte de ello. La persona y la familia que está siendo afectada es la menos responsable, pues por lo general son lo más desinformados, los más involucrados de forma personal y los más afectados emocionalmente con lo que está sucediendo.

Nosotros, en el campo médico, junto con la doula, podemos ser útiles para reconocer el decaimiento de la salud y el funcionamiento de una persona y para asegurarnos de que se le estén dando cuidados paliativos excelentes mientras este decaimiento ocurre, y así minimizar el número de hospitalizaciones, de sufrimiento y de angustia emocional. Cuando una persona y su familia están bien cuidados, de forma profesional, es menos probable que tengan ansiedad descontrolada en sus actividades diarias.

Es primordial que todos seamos mejores al reconocer y aceptar que, cuando la salud y el funcionamiento de una persona están disminuyendo debido a una enfermedad avanzada, él o ella no se curará mágicamente ni recobrará la salud de hace uno o dos años atrás o incluso de seis meses atrás. Necesitamos darnos cuenta de que estamos tratando con una persona que está decayendo hasta que eventualmente muera. Puede que suceda despacio o puede que suceda rápido (por ejemplo, un ataque cardíaco, un derrame cerebral o un accidente).

Las personas que no aceptan estar muriendo. Las personas pueden saber que su salud está decayendo y que nunca regresarán a su estado anterior, pero aun así puede ser muy difícil aceptar que está llegando la muerte. Ellos pueden querer vivir, aunque lo único que puedan mover sean sus párpados. La mejor manera de darles apoyo es asegurándote que tengan los mejores cuidados paliativos posibles y modificando todo lo que puedas al nivel de fuerza en el que se encuentren en el momento. Utiliza los servicios de un terapeuta ocupacional para obtener ideas de cómo adaptar cualquier cosa que la persona quiera hacer y acomodarlo a su nivel de funcionamiento actual.

Puede que ellos nunca quieran estar bajo los servicios de *hospice*. Esto está bien mientras no estén sufriendo. Conversa con ellos y coméntales que *hospice* sabe cómo tratar el confort mejor que ninguna otra rama de la medicina y que los servicios de *hospice* siempre pueden ser retirados en caso de que no les sirva de la manera correcta. Explícales que, si su condición se estabiliza, necesitarán cancelar los servicios de *hospice*, algo que justamente muchas personas terminan haciendo. Explícales que *hospice* no solo *no* es una sentencia de muerte, sino que más bien puede incluso *extender* la vida. Por favor, mira el artículo en el *Journal of Pain and Symptom Management: "Comparing Hospice and Nonhospice Patient Survival Among Patients Who Die Within a Three-Year Window"* ("Comparación de la supervivencia de pacientes que reciben los servicios de *hospice* y pacientes que no reciben los servicios de *hospice* entre pacientes que mueren en un periodo de tres años").

Las personas que no aceptan que están muriendo y que califican para *hospice* pueden incluso beneficiarse de los excelentes cuidados que éste provee, si están dispuestos a intentarlo. Solo coméntale a *hospice* que siga lo que el paciente determine (el personal está entrenado para hacerlo). Diles exactamente cómo deseas que le hablen al paciente y a su familia. Ellos lo cumplirán.

Las personas que aceptan estar muriendo. Esto es mucho más fácil para todos. Las personas que están muriendo deberían estar bajo el mejor cuidado que podamos ofrecer. *Hospice* es en general el mejor proveedor de cuidados posible para las personas que están muriendo. Hay otros apoyos, por supuesto – profesionales de medicina "alternativa" con modalidades de sanación y tratamientos poderosos–, pero *hospice* debería de ser el recurso al cual acudir para obtener el cuidado de expertos cuando las personas que están muriendo.

Hospice está formado no solo para ayudar a la persona que está muriendo, sino también a su familia. Están organizados para ayudar a la familia en todos los niveles reconocidos de la medicina alopática: cuerpo, mente y espíritu. *Hospice* y otros proveedores occidentales de cuidado durante la muerte no suelen abordar el "sistema energético" o el "cuerpo energético" de las personas, no se dirigen a las personas en el nivel energético. Consulta a un profesional alternativo: practicante ayurvédico, acupunturista, chamán u otro sanador si deseas este nivel de apoyo.

La conclusión del debate sobre *hospice* es: aprovecha la oportunidad de hablar con varios proveedores de *hospice* la *primera* vez que tu equipo de atención médica lo mencione. No hay razón para esperar. Recibirás excelente información para poner en la balanza tu decisión. Los representantes de *hospice* pasarán mucho tiempo contigo. Recibe todos los datos y "el resto de la historia". La mayor parte del tiempo escucharás de los médicos y otros profesionales de la salud sobre las opciones de tratamientos en conversaciones apresuradas, pero es posible que no escuches sobre las repercusiones de cómo será tu vida luego de esas opciones de tratamiento. Eso es lo que yo llamo "el resto de la historia". *Hospice* tiene el resto de la historia, la historia completa de cómo puede ser la vida si terminas de pelear tu muerte.

Al abogar por *hospice* lo más pronto posible, estás ayudando a tus pacientes al menos a ver con sabiduría lo que significa hablar con alguien que pasará mucho tiempo con ellos, ayudándoles a tener la imagen completa de la situación y compartiendo el conocimiento de sus opciones. La mayoría de lo que está pasando en este momento es que las familias no tienen toda la información y que no están recibiendo mucho tiempo de las personas que tienen la información. *Hospice* tiene excelente información.

He visto mayor sufrimiento en las personas que pelean su muerte que en las personas que han aceptado su muerte y tuvieron un buen manejo de sus síntomas. *Hospice* hace esto mejor que nadie. Y si un ser querido o cliente termina dentro de los servicios de *hospice* y no le gustan los servicios que está recibiendo, tú puedes llamar a un supervisor y pedirle que arregle lo que está mal. *Hospice* hará lo mejor que pueda. También puedes cambiar de compañía de *hospice*, si el problema no se arregla.

Está *claramente* entendido que la mayoría de las personas no quieren morir: "no es el momento adecuado", "no estoy listo", "quiero ver una cosa más, hacer una cosa más, vivir un día más". Es triste, duele el corazón. Todos entienden por qué las personas evitan la muerte.

Como doula, tú caminarás al lado de la familia, ofreciendo un cuidado compasivo y amoroso y abogando en los momentos apropiados. ¿Cómo sabes si el momento es apropiado? Cuidándote a ti mismo: mente, cuerpo y espíritu, emocional y energéticamente. De esta forma, estarás más arraigado y presente y tendrás mejor discernimiento. Cuando te cuidas a ti mismo adecuadamente, puedes confiar más en tu intuición. Se pueden tener conversaciones con gran delicadeza, si estás preparado y sabes cómo tener esas conversaciones. No intentes tener conversaciones delicadas con personas, si no has sido entrenado para ello o si no tienes el don natural para hablar con personas sobre situaciones delicadas.

Puntos clave acerca de "La decisión sobre *hospice*":

1. Si un médico recomienda los servicios de *hospice*, alienta a las personas a que se tomen el tiempo de hablar con por lo menos un proveedor de *hospice* y reúnan información. Estarán contentos de haberlo hecho. *Hospice* ofrece excelentes consejos y una nueva forma de ver la situación.

2. Debes saber que no todos los proveedores de *hospice* dan excelente servicio (tal como en cualquier otra industria). Si la familia no está contenta, déjale saber al proveedor que ellos no tienen por qué soportar servicios por debajo del estándar. Llama a la administración para que resuelva el problema y, si es necesario, pueden cambiar de proveedor. La mayoría de los proveedores de *hospice* harán lo necesario para manejar cualquier asunto que se presente.

3. Es mejor iniciar con los servicios de *hospice* lo antes posible. Si la persona se estabiliza, siempre puede terminar los servicios de *hospice* y ser dada de

alta. Las personas viven más tiempo con bajo los servicios de *hospice*, y este provee maravillosas ventajas.

4. Como doula, tú eres parte del equipo de cuidados. Haz todo lo que puedas para ser de ayuda a *hospice*. Cuando veas algo inapropiado, no hagas el problema más grande con la familia ni lo comentes, si ellos no lo han notado. Llama al proveedor de *hospice* y habla con la persona encargada para hacerle saber lo que está pasando para que pueda arreglar el problema. Se parte de "tranquilizar y suavizar". Ayuda a *hospice* a brindar excelente servicio mientras tú te encargas de calmar a la familia. No te agites, más bien ayuda a que la ira se disipe. Muchas personas proyectan su frustración en otras cosas y no en el hecho de que alguien que aman con todo su corazón está muriendo. Cualquier cosa que puedas hacer para mantener la paz mejorará la experiencia de la familia. Somos parte de minimizar el drama.

Capítulo 19

Los días finales: la persona al cuidado de *hospice*

La muerte no es la peor pérdida en la vida.
La peor pérdida es lo que muere dentro de nosotros mientras vivimos.
~ Norman Cousins

Cuando las personas están recibiendo los servicios de *hospice*, la situación ideal es que estén recibiendo fantásticos servicios y que la mayoría de las necesidades de ellos y de sus familias estén cubiertas adecuadamente o hasta magníficamente y que todo esté yendo bien.

Aun cuando el servicio de *hospice* es de primer nivel, hay mucho todavía por hacer para ayudar a que las actividades diarias de cuidados al paciente moribundo marchen de la manera más fluida posible. Es asombroso cuántas personas se requieren para mantener bien cuidada a una persona moribunda. Si consideras al cuidador principal en el grupo, se necesita más de la comunidad. Todos deberíamos tomar en cuenta al cuidador principal, pero este es por lo general descuidado. Haz tu mayor esfuerzo por satisfacer las necesidades del cuidador principal. Es sorprendente cuántos cuidadores principales cuidan de sus seres queridos moribundos con muy poca o ninguna ayuda. La mayoría de las personas no tienen una familia numerosa que siempre esté dispuesta o pueda ayudar. Apoya a los cuidadores principales mientras ellos atienden a sus seres queridos mientras están muriendo.

Ten en cuenta que *hospice* no es una organización de cuidados, es una organización consultora que también provee asistentes certificados de enfermería que van de una a cinco veces por semana, dependiendo de las necesidades, para ayudar a bañar al paciente y para hacer una limpieza ligera mientras el paciente está durmiendo. La familia debe organizarse en sus propias necesidades de cuidado diarias. Ellos no pueden irse a hacer diligencias o tomar un descanso mientras *hospice* está brindando su servicio. El cuidador principal o alguien más debe estar ahí.

Tú puedes ser fundamental para organizar las peticiones que van llegando de vecinos y amigos que quieren ayudar a la familia. Usa una comunidad en línea como CareFlash, una de las mejores de la industria, para mantener todo organizado. Ayuda a la familia a contratar cuidadores y ayúdales con tareas prácticas durante el día. Ayúdalos a evaluar los últimos deseos de la persona moribunda. Ayuda a que sucedan momentos de perdón o ayuda con cualquier cosa que pueda estar afectando enormemente a alguien de la familia.

Usa los recursos de *hospice* lo que más puedas. Las personas que trabajan en *hospice* quieren ser serviciales y quieren saber lo que está pasando. Asegúrate de hablar con la familia y de pregúntales si puedes compartir con el encargado de su caso en *hospice* lo que estás observando, para que *hospice* esté bien informado sobre cómo puede ayudar de mejor manera a la familia. *Hospice* se encargará de todo lo que tiene que ver con la muerte y de disponer del cuerpo. Si la familia no está sacando provecho de todo lo que *hospice* tiene para ofrecer, aliéntalos a hacerlo. *Hospice* está aquí para hacer estos momentos más fáciles. Deja que lo hagan.

Si la familia ha tenido la fortuna de ingresar a los servicios de *hospice* con suficiente tiempo antes de la muerte inminente de su ser querido, hay más probabilidades de aceptar el momento con mayor calma. Sin embargo, muchas cosas inesperadas pueden pasar que hagan muy difíciles estos momentos; por ejemplo, los síntomas pueden tornarse difíciles de manejar, miembros de la familia pueden sufrir trastornos emocionales y eventos externos pueden afectar el ambiente de la persona moribunda de alguna manera. Muchas cosas pueden aparecer, y *hospice* estará o debería estar listo para ayudar en cualquier instancia.

Puntos clave de "Los días finales: la persona al cuidado de *hospice*":

Alienta la comunicación entre la familia y *hospice*. Ayuda a aumentar la confianza y la esperanza. Esto ayudara a la familia a sentirse mejor en general para confiar en su proveedor de *hospice*. Si hay problemas lo suficientemente grandes como para no generar esta confianza, entonces se debe llamar a la administración para darle la oportunidad de corregirlos, de lo contrario, se debe llamar a otro *hospice*. La persona moribunda merece la mejor atención posible en estos momentos. Se parte de que esto suceda.

Capítulo 20

Los días finales: la persona que *no* está al cuidado de *hospice*

Aprende a encender una vela en los momentos
más oscuros de la vida de alguien.
Se la luz que ayuda a otros a ver,
es lo que le da el significado más profundo a la vida.
~ Roy T. Bennett

Este momento podría ser una pesadilla o no, dependiendo de la salud de la persona que está muriendo. Si la persona que está muriendo está simplemente envejeciendo, sin tener muchos problemas de salud, naturalmente durmiendo más, comiendo menos y perdiendo energía, y la familia entiende lo que está pasando, el morir de esa persona podría ser muy tranquilo. Sería de mayor apoyo si la familia ingresara a los servicios de *hospice*, pero a este tipo de personas puede que ni siquiera se les ofrezca la oportunidad si están en un ambiente en casa. Si el médico no ha sugerido los servicios de *hospice* y la persona no ha sido hospitalizada por alguna razón, no habrá ninguna derivación médica. Lo más probable es que la persona muera en casa de una falla al corazón, que muera mientras llaman al 911 o, que en los días subsiguientes la persona sea encontrada inconsciente.

Pero si la persona que está acercándose a la muerte presenta problemas complicados de salud y/o tiene síntomas que no puede manejar, su decaimiento hacia la muerte podría ser muy traumático, especialmente si el sistema de salud o la familia se rehúsan a aceptar el hecho de que la persona en realidad está muriendo. De aquí es de donde viene la mayoría del sufrimiento al final de la vida: los profesionales médicos no están siendo responsables de hablarle a la familia con la verdad sobre la situación o no se están dando cuenta de que la persona está muriendo; o la familia no está asimilando la información y/o se rehúsan a aceptarla. Por lo general es una mezcla de las dos.

Si la familia es lo suficientemente afortunada de tener una doula ayudándolos en este tipo de situación, serán ciertamente bendecidos. Tú, como doula, buscarás las oportunidades para abogar por servicios de cuidados paliativos para la familia, si ellos rehúsan definitivamente los servicios de *hospice*. Ellos pueden y deberían recibir cuidados paliativos profesionales.

Asegúrate de que la persona esté cómoda físicamente (por medio de cuidados paliativos profesionales) para que las dificultades espirituales, emocionales e interpersonales dentro de la familia puedan ser tratadas. Hay tanto que hacer al final de la vida. El final de la vida tiene su propia "lista de tareas" para ese momento. La lista puede ser más larga o más corta, dependiendo de cuántas tareas legales, prácticas, interpersonales y personales hayan sido realizadas previamente.

Dado que la mayoría de personas no se ocupan de las tareas del fin de vida (consulta el capítulo de "Lista de tareas del fin de vida", en la sección dedicada a los Materiales adicionales) hasta justo antes de la muerte, es posible que tú puedas ayudar con esto. Descúbrelo apenas empieces a trabajar con una familia. Puede que no tengas mucho tiempo, por ejemplo, para firmar un poder legal médico, si esto no ha sido realizado todavía. Nunca sabes cuando la persona moribunda puede entrar a un estado de inconsciencia.

Si la familia y la persona se rehúsan a hablar con *hospice* y quieren luchar hasta el final, apóyalos de cualquier forma posible para que acepten lo que está sucediendo ahora, sea lo que sea. Sea lo que sea que no es aceptable, se parte de la solución para que la realidad se vuelva aceptable. Al tener esta mentalidad, tú estarás alentando soluciones tranquilas para lo que esté sucediendo. Las personas pueden tener esperanza hasta su último respiro. Yo personalmente he sido testigo de personas que mantuvieron la esperanza de curación hasta que entraron en un estado de inconsciencia. Mi lugar no es el de dejarlos sin esperanza, sino el de acomodar sus deseos mientras están vivos. Hay opiniones de que deberíamos "romper con la negación" y "hacer que la gente vea la realidad", pero yo personalmente no creo en eso, a menos que la persona moribunda esté siendo lastimada debido a decisiones basadas en esta creencia.

Yo voy a aceptar que la gente haga lo que quiera, en su mayor parte. Yo no requiero que ellos acepten que están muriendo antes de que yo esté a su servicio. Mi lugar no es ser la persona que les haga ver que están muriendo. Mi rol es el de traer paz en un momento, en el que por lo general se siente temor, y de caminar al lado de la persona con amor y compasión.

Sí, tengo mucha habilidad y puedo educar y guiar también. Puedo servir médicamente, puedo hacer mucho aparte de darle amor a alguien, pero mi rol predeterminado es el de darle amor a la persona y a la familia. Todo lo demás es secundario. No es necesario ser un profesional médico para ser una doula maravillosa. Les brindas un mejor servicio si te cuidas a ti mismo de forma excelente y si tienes experiencia en relación a los moribundos, ya que los estarás guiando a través de experiencias difíciles.

Hay experiencias difíciles para la familia cuando alguien que aman está muriendo. Cuando ellos no aceptan los servicios de *hospice*, en realidad están quedándose fuera de una inmensa red de apoyo. Así que, si sabes que esto es lo que quieres hacer por vocación, familiarízate con el servicio a los moribundos; la mejor forma de hacerlo es sirviendo en un *hospice* local como voluntario o en un rol que tengan disponible (médico, enfermero, asistente de enfermería, trabajador social, capellán o practicante de enfermería). Necesitas ver a la muerte y ser parte de una familia que está enfrentando la muerte de alguien para ganar la experiencia que necesitas y ser de ayuda para una familia, si planeas hacer esto como un servicio a la comunidad.

Si estas sirviendo a una familia que ha rehusado los servicios de *hospice* y la persona está muriendo, debes saber que lo más probable es que la persona muera en el hospital o que alguien llame al 911 si se da cuenta que la persona no responde y ya ha muerto en casa. Puede suceder también que la persona entre y salga del hospital varias veces, y puede haber muchos altibajos que son agotadores para todos los involucrados. Tú puedes ser útil para sacarlos de ese remolino sugiriendo cuidados paliativos.

Averigua cuál hospital en tu área ofrece el mejor programa de cuidados paliativos (por ejemplo, cuidados paliativos fuera de *hospice*) y averigua qué médicos son buenos en el manejo de síntomas de diferentes condiciones de salud. De esta forma, si no hay una clínica independiente de cuidados paliativos en tu localidad (como normalmente es el caso), tendrás opciones de asistencia que ofrecer a la familia.

Puntos clave de "Los días finales: la persona que no está al cuidado de *hospice*":

1. Conoce cuál hospital en tu localidad tiene los mejores programas de cuidados paliativos.

2. Si no hay médicos de cuidados paliativos certificados, averigua cuáles médicos en tu localidad son excelentes para ciertos síntomas. Llama a tu *hospice* local y pregúntales a quién pueden recomendar.

3. Debes saber si la persona a quien estás sirviendo está entrando y saliendo del hospital frecuentemente, esto quiere decir que sus síntomas no están siendo manejados adecuadamente o que sus órganos pueden estar fallando. Si los síntomas no mejoran, recomienda una consulta con un centro de cuidados paliativos.

4. Haz lo que puedas para ayudar con preocupaciones prácticas y con últimos deseos. Aunque es posible que el cuidador y la familia no reconozcan que la persona está muriendo, pueden, sin embargo, querer participar en enmendar relaciones, últimos viajes, etc.

Capítulo 21

La vigilia anterior a la muerte

Tú importas porque eres tú y eres importante hasta el final de tu vida. Haremos todo lo que podamos no solo para ayudarte a morir en paz, sino también para vivir hasta que mueras.
~ Cicely Saunders

Ya sea que estés o no trabajando en *hospice*, si la persona fallece de muerte natural y toma tiempo que suceda, puedes estar presente para asistir en la vigilia previa a la muerte de esa persona. Esto puede ser hermoso independientemente de dónde esté muriendo la persona, ya que todos están honrando los últimos momentos de su ser querido en la tierra.

Lo siguiente ha sido tomado directamente de mi curso "Acompañando a los moribundos: Una guía práctica y entrenamiento en sensibilización". Estas son algunas sugerencias para un cuidado amoroso:

1. Crea un espacio sagrado alrededor de la persona moribunda. Esto incluye lo que se habla en presencia de los moribundos, así como ordenar y quitar las medicinas del espacio alrededor de la cama y de la habitación.

2. Cuando llegues al lado de la cama, identifícate. Déjale saber a la persona lo que vas a hacer antes de hacerlo o solamente déjale saber que estás ahí.

3. Mantén a la persona fresca con baños diarios de cama, usando su jabón favorito o aceite aromatizado, o lavando las zonas de su cara, su cabeza, sus axilas y sus partes privadas. Asegúrate que las uñas de las manos y los pies estén limpias y limadas. Me sorprende qué tan común es ver a una persona con las uñas sucias. Por favor, asegúrate que estén limpias.

4. Viste a la persona con su ropa para dormir favorita o ropa cómoda. Si la familia está de acuerdo, puedes cortar la ropa por la parte de atrás para facilitar los cambios de ropa.

5. Si la piel de la persona está fría y húmeda, usa paños tibios con su aroma favorito para limpiarla durante el día. Si él o ella está caliente debido a una fiebre, usa paños fríos.

6. Asegúrate de que la familia sepa sobre un buen cuidado bucal. Usa un hisopo bucal (palillo con esponja en la punta) mojado con una solución de agua y bicarbonato de sodio (1 cdta. de sal, 1 cdta. de bicarbonato en 4 tazas de agua) y limpia la boca por las encías, la línea de las encías y las mejillas internas. Aplica un poco de saliva artificial si la boca de la persona está seca y bálsamo labial para humectar los labios. Usa productos muy suaves para refrescar la boca de la persona. Haz esto a lo largo del día.

7. Asegúrate de que la familia sepa sobre buenos cuidados oculares. Por lo menos una vez al día usa un paño húmedo tibio para humedecer el área de los ojos y para limpiar bien la piel alrededor de los ojos. Aplica crema lubricante y lágrimas artificiales si los ojos de la persona parecen secos. Haz esto a lo largo del día.

8. A la mayoría de las personas les encanta que les rasquen la cabeza, que les cepillen el cabello y que les den masajes en el cuero cabelludo. Frota

suavemente las cejas y la frente de la persona. Si a la persona le gusta esto, hazlo regularmente.

9. Sigue alentando a la familia para que toquen a su ser querido moribundo, pero si esto provoca incomodidad, evita que lo hagan (algunas personas no creen que sea bueno tocar al moribundo, pues sienten que esto lo mantiene en la tierra en vez de dejarlo ir).

10. Usa cremas, aceites o lociones aromáticos para masajear generosamente los pies y piernas, y las manos y brazos.

11. Tan pronto como sea posible, saca la ropa interior sucia de la habitación y/o toallas sanitarias a la basura. Lava las sábanas sucias inmediatamente para que los olores no queden atrapados en la habitación o en la casa.

12. El mover a la persona de posición frecuentemente previene que su piel se lastime. Sin embargo, una vez que la persona se acerca a la muerte inminente, muchas personas prefieren no moverla con tanta frecuencia. Pero existe otra razón para mover a la persona frecuentemente: para ayudar con la congestión ruidosa que se puede acumular en la parte de atrás de la garganta. Cambiarla de posición ayudará con el drenaje. Coloca la cabecera de la cama alta y cambia su posición de un lado al otro. Además, a veces ayuda bajar la cabecera de la cama y elevar las piernas de la persona (si lo puede tolerar); de esta manera, el drenaje se irá hacia su boca, y tú lo puedes sacar con un hisopo bucal, para luego colocar a la persona en su posición favorita.

13. Coloca un humidificador de vapor para incrementar la humedad en la habitación. Esto ayudará a la persona con la resequedad de la piel, boca, ojos y nariz.

14. No le hagas preguntas a la persona moribunda (él o ella no puede responder y puede agitarse tratando de contestar). Más bien cuéntale

historias. Alienta a los miembros de la familia a que le cuenten a la persona cómo les fue en su día, que le relaten recuerdos y demás.

15. Revisa la piel de la persona. Asegúrate de que las mangueras del oxígeno no le estén irritando la piel: revisa la nariz, las mejillas, las orejas y la quijada. Puedes acolchar las mangueras para prevenir irritaciones. Además, asegúrate de que las orejas de la persona estén estiradas, y no dobladas, al lado de su cabeza mientras está apoyada sobre la almohada. Asegúrate de que la piel de la persona no esté doblada o estirada en el lado del que se encuentra acostado, así como en el resto de su cuerpo.

16. Mantén una iluminación tenue en la habitación de la persona moribunda. Usa velas si se puede. Si estás en un hospital o en otro lugar donde las velas no son permitidas, usa velas artificiales.

17. ¿Cuáles son sus sonidos favoritos? ¿Música? Haz que estos sonidos familiares estén presentes. La música del arpa ha probado ser terapéutica en personas moribundas. Averigua si en tu ciudad existe alguna organización que vaya a tocar música como parte de los cuidados paliativos (suele ser llamada tanatología musical).

18. Pon algunas de las cosas favoritas de la persona a la vista (fotos, recuerdos, etc.) para que, si la persona abre sus ojos, los pueda mirar.

19. Los pies de la mayoría de personas están fríos, así que ponle a la persona moribunda medias calientes y cúbrela con su cobija favorita.

20. Consigue un libro de visualizaciones o meditaciones o créalas tú misma, y léeselas a la persona moribunda. Considera tener música hermosa de fondo mientras lo haces.

21. Siéntate junto a la cama de la persona moribunda, y si a él o a ella le resulta reconfortante, toma su mano amablemente deseando un deceso tranquilo, plegarias por su alma y consuelo. Explícale a la familia que se pueden

sentar en silencio junto a la cama y enviar pensamientos de amor a su persona querida. Aliéntalos a que lo hagan.

22. ¿Cuáles son sus olores favoritos? Ten un quemador de popurrí o un difusor de aceites esenciales en la habitación para mantener aromas agradables.

Capítulo 22

La muerte

Alguna vez ha pasado que el amor no conoce su propia
profundidad hasta la hora de la separación.
~ Kahlil Gibran

La persona ha muerto. La transición física del cuerpo ha ocurrido. La persona ha aspirado su último aliento. La vigilia anterior a la muerte ha terminado. Que todo esto sea un alivio o un sufrimiento mayor, depende de la persona que está experimentando la muerte. Por lo general hay una tremenda descarga de emociones porque el evento anticipado ha sucedido. Aun cuando los seres queridos sienten que están preparados para los momentos finales, en mi experiencia personal y profesional, a veces no están completamente listos. Manejar la pérdida de un ser querido es el inicio de un nuevo camino. Así como tu ayuda a la familia a lo largo de todo el proceso, tu apoyo amoroso en este momento se va a revelar conforme se necesite.

Algunas personas entrarán en shock, aun cuando sepan lo que está pasando. Algunas personas estarán muy receptivas a medida de lo que vaya pasando e inmensamente tristes. Algunos se sentirán muy aliviados de que haya terminado, y este es el sentimiento predominante. Otros estarán devastados y muy perturbados por su pérdida. Por supuesto, prepárate para lo que sea y deja que tu intuición te guíe.

Ahora está el resto de la vigilia. Algunas personas desean quedarse cerca del cuerpo de su ser querido más de las dos a cuatro horas que es lo recomendado normalmente. Piénsalo y habla con las familias sobre esto antes de que ocurra. ¿Le gustaría a la familia tener algo de tiempo con el cuerpo de su ser querido? En la industria de funerales en casa, mantener el cuerpo por tres días o más es muy común.

Ahora, durante esta vigilia posterior a la muerte, tenemos tiempo de integrar la transición de la vida a la muerte y pasar al estado de luto. Hay tiempo de llorar con otros y de pasar a la nueva realidad juntos.

Los aspectos prácticos de una vigilia posterior a la muerte son significativos y deben ser planeados. Por ejemplo, si la familia quiere mantener el cuerpo por más de varias horas, debe conservarlo en hielo seco. La familia inmediata puede estar exhausta, necesita estar sola y/o no querer que otros estén presentes. Habla con la familia y planifica de acuerdo a lo que ellos quieran.

Después de que alguien ha muerto, yo aliento a los miembros de la familia a permanecer con su ser querido el tiempo que lo deseen. Los animo a esperar antes de llamar a *hospice* y a tener momentos de privacidad lo más que puedan, ya que, una vez que se llama a *hospice* (o casa funeraria), se inician las acciones para retirar el cuerpo. Ellos nunca volverán a tener estos momentos de privacidad con su ser querido otra vez.

Con frecuencia después de la muerte, llega un momento en que las personas se empiezan a preguntar qué hacer ahora. Recuerda tener el plan de muerte y el plan del funeral completos con anterioridad, de esa manera tú puedes guiarlos en estos momentos con las actividades que ellos ya han especificado.

Ofrécete para hablar de paz, amor y agradecimiento por la persona fallecida y de consuelo para la familia, invítalos a participar. Pregunta si quisieran bañar el cuerpo y vestir a su ser querido con su ropa favorita. Tal vez ellos no quieran participar, pero les gustaría que tú lo hicieras. Usualmente, por lo menos una persona querrá ser parte de ello, si la familia desea el aseo del cuerpo.

Recuerda apagar el tanque de oxígeno, si está prendido, y deshacerte de todo el equipo hospitalario o material médico que sea posible después de la muerte. Ya lo habrás hecho de cierta forma durante la vigilia, pero puede ser que necesitaras dejar ahí algunas cosas. Ahora es el momento de deshacerte de todo lo que está a la vista.

Si la familia no quiere bañar el cuerpo por completo, revisa la zona perineal y asegúrate de que esté limpia y que no se haya liberado orina ni heces. Si es necesario, limpia el área y lleva los paños sucios inmediatamente a la basura externa y/o lleva las toallas usadas afuera para ser lavadas.

Hay diferentes puntos de vista acerca de tocar el cuerpo después de la muerte. Algunos dicen que hay que alentar a quien lo desee a acostarse junto al cuerpo, y si él o ella lo desea, hay que darle privacidad para que lo haga. Algunas personas pueden querer hacerlo, pero sienten que necesitan el "permiso", de acuerdo a la creencia de que otros pueden pensar que es extraño que lo hagan. Déjales saber que es normal el querer estar cerca de la persona querida, especialmente porque no la van a volver a ver físicamente otra vez.

Algunas tradiciones religiosas no creen en tocar el cuerpo una vez que la persona muere o mientras la persona está muriendo. Averigua con anticipación cuáles son las creencias de la familia. Si es una cuestión de incomodidad con el cadáver más que una creencia de retener el espíritu de la persona, entonces ayuda a los miembros de la familia a superar esa incomodidad. Muchas personas me han agradecido, más tarde, por ayudarlos a tocar el cuerpo de su ser querido. Déjate llevar con lo que está ocurriendo y con lo que ellos quieren. Puede que ellos en verdad no se sientan preparados para tomar decisiones y, en ese caso, tú guía el camino. Cuando estés ahí, tú sabrás cómo proceder. Reza por orientación, confía en lo que escuchas y sigue tu intuición.

Si la persona está bajo los servicios de *hospice*, un enfermero registrado de *hospice* vendrá y firmará el acta de defunción (en algunos países de América Latina, solamente un doctor puede confirmar la muerte de una persona o firmar el acta de defunción). Debes saber que le puedes decir al enfermero que la familia desea pasar el mayor tiempo posible con el cuerpo. Es razonable decirle a la familia que esperen una hora más o menos antes de llamar a los profesionales de *hospice*, a quienes por lo general les gusta enterarse de los fallecimientos lo antes posible. Lo que sucede es que, una vez que se llama a *hospice*, las cosas empiezan a moverse muy rápido para remover el cuerpo. Si deseas varias horas con el cuerpo posterior a la muerte, el mejor momento de organizar esto es antes de la muerte. Averigua las leyes en tu estado o país sobre cuál es el tiempo permitido antes de que el cuerpo deba ser retirado. Si la familia no ha estado bajo los servicios de *hospice*, la Policía deberá ser informada (aunque esto no se aplica en todos los países de Latinoamérica). Ellos enviarán oficiales que manejen la muerte, y tú tendrás que hacer las cosas a su manera, por supuesto.

Si la familia va a realizar un funeral en casa, entonces por lo general esto ya ha sido organizado, pero si el cuerpo va a ir a una casa funeraria o crematorio, entonces los miembros de la familia deben prepararse para el tiempo que van a poder pasar junto al cuerpo de su ser querido. La mayor parte de las personas a las que he servido desean pasar de dos a cuatro horas con el cuerpo de su familiar en casa. Pero algunas familias lo han querido por varias horas más, y yo he arreglado esto con la casa funeraria y en algunas ocasiones me ha tocado llamarles a varias funerarias para encontrar la que se acomode al periodo de tiempo que la familia desea.

El momento desde la muerte hasta la disposición final de los restos, es un momento fuerte para la familia y los seres queridos del fallecido. Toma tiempo para que el cuerpo, el corazón y la mente se sincronicen en que la persona que amamos tanto ha muerto. Toma tiempo cambiar a esta nueva realidad. Es por esto que muchas ceremonias de vigilias posteriores a la muerte en casa duran hasta tres días. Toma tiempo aceptar la realidad de que alguien acaba de morir.

Cuida especialmente de los seres queridos durante el periodo inicial posterior a la muerte, por lo menos durante los primeros siete días o hasta el momento de la ceremonia. Ayúdalos con asuntos prácticos y preocúpate de cómo le gustaría al cuidador principal recibir apoyo en este momento. Muchos están privados de sueño y agradecerán cualquier ayuda que les permita finalmente dormir bien. Algunas personas envían el cuerpo para que sea cremado y no suelen tener prevista una ceremonia hasta meses después de la muerte. Hay muchas posibilidades. Mi preocupación más importante después del deceso y durante la primera semana después de la muerte es apoyar al cuidador principal y a su familia. Este tiempo es muy sensible mientras la nueva realidad se asienta.

Capítulo 23

La vigilia posterior a la muerte

Los funerales en casa permiten a la familia y amigos iniciar el hermoso viaje de reparar la lágrima en el tejido de su comunidad que es desgarrada cuando alguien que aman muere.
~ Zenith Virago

El movimiento de los funerales en casa está arrasando el país y está empoderando profundamente a las personas. Los funerales en casa son legales en todos los estados en Estados Unidos y permiten el amoroso cuidado del difunto por parte de la familia desde la muerte hasta la disposición del cuerpo. Por favor visita la página web de *The National Funeral Alliance* para mayor información al respeto. Es hermoso y muy potente.

Una parte del funeral en casa es la vigilia posterior a la muerte. Es un periodo sagrado con el difunto en el ambiente natural de casa. Muchos de nosotros en este movimiento creemos que tomarnos más tiempo con el ser amado para procesar la transición de la vida a la muerte facilita un duelo saludable. Les da tiempo a las personas para procesar la muerte y comenzar a integrarse a su nueva realidad.

Algunas familias prefieren estar solas, y algunas se abren en este momento para que la comunidad pueda visitarlos y presentar sus respetos. En los Estados Unidos, las regulaciones en cuanto a quién puede tocar el cuerpo y cuánto tiempo puede permanecer el cuerpo en casa varían en cada estado. Hay almas hermosas alrededor del mundo que te ayudarán a estar enterado de las leyes que rigen en tu estado (en los Estados Unidos) o país con respecto a la disposición de los restos.

Muchas personas quienes realizan vigilias posteriores a la muerte o funerales en casa están preparadas para mantener el cuerpo tres días o más. La Alianza Nacional de Funerales en Casa (*The National Home Funeral Alliance*) y La Alianza de Funerales para el Consumidor (*The Funeral Consumer Alliance*) son fuentes muy oportunas con respecto a leyes y personas que están dispuestas a ayudar.

YouTube tiene un video hermoso sobre un funeral en casa que te recomiendo que veas. Se llama *El funeral en casa de Leon (Leon's Home Funeral)*. Además, *PBS* tiene un documental increíble llamado *Un compromiso familiar (A Family Undertaking)*, (www.pbs.org/pov/afamilyundertaking). Y hay muchos entrenamientos y talleres excelentes sobre cómo hacer un funeral en casa y cómo ayudar a otros a hacerlo.

Capítulo 24

El luto

El duelo no es un sentimiento, es una capacidad.
No es algo que te deshabilita, no estamos del lado receptor del dolor,
estamos del lado practicante del dolor.
~ Stephen Jenkinson

Hoy las personas se están dando cuenta y están entendiendo el hecho de que procesar la muerte y ajustarse a que la persona ya no esté físicamente en su vida diaria puede tomar toda una vida. Hay información maravillosa sobre lo que significa vivir después de sufrir una pérdida que reconoce que este no es un proceso de seis meses a un año y que no se desarrolla en etapas. La etapa aguda de manejar la pérdida puede ser de hasta un año más o menos, pero la mayoría de las personas se dan cuenta de que puede tomar mucho más tiempo aceptar la pérdida de una forma que se sienta cómoda. Puede ser que esto nunca suceda.

Si la familia que estás sirviendo desea apoyo en su duelo, averigua si el proveedor de *hospice* que usaron lo tiene. Si no tuvieron los servicios de *hospice*, llama a los proveedores de *hospice* locales y averigua si tienen algún programa comunitario. No todos los proveedores de *hospice* tienen programas de duelo sólidos. Muchos de ellos solo envían tarjetas en intervalos regulares. Consigue una lista de recursos de capellanes de *hospice*, trabajadores sociales o coordinadores de duelo. Si *hospice* no cuenta con un programa más allá del envío de tarjetas, revisa si en tu área hay algún *hospice* con un programa sólido que incluya terapia y al que las personas puedan acudir, incluso si no fueron parte de su programa.

En estos días somos afortunados en el sentido de que las familias pueden acudir a varios grupos excelentes de apoyo por internet (consulta el capítulo de "Apoyo en el duelo", en la sección dedicada a los Materiales adicionales, para que tengas algunas ideas). Tu proveedor de *hospice* local puede tener excelentes recursos de apoyo en persona o en línea, o conocer a alguien en tu área. Pregúntale.

TERCERA PARTE
Consideraciones de una doula del fin de vida

En los capítulos que siguen, abordo varios temas con los cuales debes estar familiarizado. Ningún capítulo es un curso intensivo de cada tema (puedes encontrar varios artículos en internet o libros sobre cada uno de los temas). Más bien, cada capítulo ofrece algo de reflexión mientras desarrollas tus propias opiniones sobre cada tema. Explora y desarrolla realmente tu propia relación con cada uno de estos temas.

Capítulo 25

El cuidado de la doula

Si no sabemos cómo cuidarnos a nosotros mismos y amarnos a nosotros mismos, no podemos cuidar de las personas que amamos.
Amarse a uno mismo es el pilar para amar a otra persona.
~ Thich Nhat Hanh

Sí, autocuidado es de lo que estoy hablando. Sabemos de qué se trata. Sabemos cómo averiguar qué funciona y qué no funciona. Tenemos que hacerlo. Si no lo hacemos, no hay forma de que podamos seguir estando disponibles para las personas y mantenernos genuinos, flexibles, intuitivos, amorosos, gentiles, fuertes y con un estado físico óptimo.

Lo más importante, sin embargo, es que si quieres confiar en tu intuición y discernimiento, debes cuidarte muy bien. Si no lo haces, tu fatiga hará que te cuestiones a ti mismo. Y si no cuidas de tus propias necesidades espirituales, emocionales y energéticas, vas a proyectar tus propias necesidades en las personas a las que sirves. De alguna manera, estarás emocionalmente "desordenado" frente a las personas a las que quieres ayudar.

¿Qué es lo que sufre las consecuencias cuando no te estás cuidando completamente a ti mismo? ¿Qué se desmorona primero? ¿Segundo? ¿Tercero? Para mí, mi cuerpo es primero. Mi cuerpo absorbe todo el abuso del descuido hacia mí misma. Además, puedo llegar a sentirme emocionalmente necesitada. ¿Cómo estás cuando no te estás cuidando a ti mismo? ¿Qué te dice la gente sobre ti? ¿Te han dicho que estas rígido? ¿Que eres una víctima? ¿Un mártir? ¿Te enfermas frecuentemente? ¿Eres propenso a los accidentes? ¿Te deprimes y no eres capaz de funcionar? ¿Cuál es tu respuesta a la falta de tu propio cuidado? ¿Cómo te desmoronas? Por supuesto, no quiero que te desmorones, te agotes o te enfermes, pero todo eso va a pasar, si no te cuidas meticulosamente mientras realizas este trabajo.

Hago del autocuidado parte de mi plan diario. Es un componente necesario de mi día. Planifico en mi tiempo espiritual las cosas que me hacen sentir bien, tiempo para preparar comida saludable, ir al supermercado, hacer mis caminatas, sentir el aire fresco, descansar, hacer mis rituales, tener mis momentos de bienestar, hacer pausas y meditar. Me encanta poner mis cristales a la luz de la luna luego de lavarlos bien. Me encanta el sonido de mi cuenco tibetano. Me encanta leer mi libro de plegarias de Jesús, la Biblia y otras lecturas espirituales. Me encanta leer los escritos de mujeres que se cuidan deliberadamente y con amor y saben cuánto valen. Me encanta meditar y escribir en mi diario. Me encanta leer escritos de filósofos y poetas. Todas esas actividades alimentan mi alma.

Hago tiempo para apoyarme a mí misma de manera sistemática, tanto espiritual como emocionalmente. Lo planeo en mi día, lo planeo al cocinar, en mis compras, y en mi jardín. Adquiero hábitos de autocuidado que me nutren. Busco más maneras de hacer esto y me encanta escuchar como otros lo hacen.

No es un lujo, es un cuidado enfocado y amoroso que quiero darme a mí misma porque sé cuánta energía es necesaria para estar disponible de la forma en que yo lo estoy. Estoy agradecidamente expectante de recibir una abundancia de amor y sustento de mi Fuente Espiritual. Hazlo un placer absoluto. Si ya lo haces, qué bien por ti.

Para aquellos de ustedes que piensen que estoy exagerando, por favor, dense un mes para añadir algo especial a su rutina de autocuidado. Si actualmente no tienen una rutina de autocuidado, por favor, dense un mes para hacer algo, una sola cosa, con una intención que nutra su mente, cuerpo, alma, corazón, espíritu, conciencia y sentidos de alguna manera. Escribe un diario este mes mientras implementas esto. Observa si sientes o piensas diferente al final de estos treinta días.

Si estás en un momento en el que valoras el autocuidado amoroso, pero no tienes el tiempo, o simplemente parece que no puedes crear el espacio para ello o esto no es lo suficientemente importante por alguna razón, entonces comprométete a implementar una propuesta amorosa diaria y asegúrate de que, pase lo que pase, harás algún tipo de autocuidado intencional al día. Por favor, escribe un diario por al menos unas cuantas semanas mientras implementas esto en tu vida.

Capítulo 26

Morir "orgánicamente"

La muerte nunca toma por sorpresa a un hombre sabio;
él siempre está listo para irse.
~ Jean De La Fontaine

Para empezar este capítulo, me gustaría abordar algunas perspectivas de la definición de la palabra *orgánico*. A medida que morimos, nuestros órganos se apagan uno por uno o a veces todos a la vez o en combinación. La definición médica de *orgánico* es *lo perteneciente a los órganos*, pero eso no es a lo que me refiero aquí. Tampoco me refiero al hecho de que nuestros cuerpos contienen mucho carbón. *Orgánico* también se refiere a algo que se desarrolla como una cuestión de progresión natural. En la agricultura y en la producción de alimentos, se refiere a no usar productos químicos artificiales y pesticidas en la creación y en el procesamiento.

En el ámbito de la muerte, y para los fines de este libro, yo defino morir orgánicamente como dejar que la naturaleza siga su curso o apoyarnos a nosotros mismos correctamente, pues nuestro cuerpo está completando su ciclo natural y

109

su utilidad, o como creando una atmosfera de paz y sanación mientras nuestro cuerpo muere en esta tierra. O, dicho de forma negativa, significa no luchar por vivir mientras el cuerpo está muriendo con medios artificiales a través de medicamentos, equipos, cirugías, procesos y otros medios invasivos.

Morir orgánicamente significa permitir a nuestros cuerpos relajarse en la progresión natural hacia la muerte cuando estamos en el proceso de morir. Significa apoyar a nuestros cuerpos en este proceso para que podamos atender el tan importante trabajo emocional, psicológico y espiritual de nuestro ser moribundo. Esto es lo que es tan duro para nosotros. Gracias, doctor Michael Barbato, por recordarme esto. Él, por supuesto, en su hermosa humildad, cita el trabajo de Stephen Levine, que explica más acerca de esto en su libro *¿Quién muere? (Who Dies?)*. Por favor, haz que sea para ti una prioridad leer este libro, vas a entender por qué luchamos tanto contra la muerte.

Mira el morir una muerte natural como mirarías algo crecer orgánicamente. Lo que quieres es apoyar el proceso natural. No estás haciendo nada para acelerarlo o demorarlo. No estás añadiendo productos químicos extraños, nada que altere gravemente el proceso. Quieres mantenerte con los ritmos naturales de la vida, el día y la noche.

Una muerte orgánica es dejar que las cosas pasen naturalmente y no luchar contra ella con medios artificiales que en realidad nos podrían lastimar más de lo que nos ayudarían. Es dejar que las cosas se desarrollen. Existen medicamentos y remedios naturales que pueden ayudar al cuerpo a relajarse y morir en paz. El cuerpo a veces tiene dificultades para morir si uno o más órganos están gravemente comprometidos o dañados por una enfermedad o un tratamiento para esa enfermedad.

Hay un fuerte empuje en estos momentos en ciertos círculos para dar poco apoyo medicinal mientras alguien está muriendo. Yo no entiendo este empuje.

Los cuerpos de algunas personas están severamente dañados por los tratamientos usados para tratar de sobrevivir. Sus cuerpos han sido severamente comprometidos por procesos artificiales que pueden causar daños extremos en un intento por salvar la vida de alguien. Además, a veces una persona solo necesita un poco de medicina para ayudar al cuerpo a soltarse y que todo el sistema se relaje pacíficamente.

Cada órgano, mientras se apaga, afecta a cada uno de los demás sistemas del cuerpo, y a veces este proceso no es fácil. En los Estados Unidos tenemos todo lo que necesitamos para morir bien medicinalmente. Lo que falta es el apoyo holístico de la persona y la familia. El mayor apoyo para una muerte orgánica es el espiritual, emocional y energético. Reconoce lo que es importante para la persona. Hazlo.

Aceptar que nuestro cuerpo está fallando y que no se va a recuperar evitará días, semanas y meses de sufrimiento innecesario, ya que no estaremos recurriendo a cirugías, tratamientos ni medicamentos que no pueden hacer mucho más que aumentar algo de tiempo y que posiblemente ocasionen mucho daño. No todo el tiempo comprado por intervenciones de alta tecnología agregará tiempo sin dolor, a veces en realidad con esto aumenta el tiempo de sufrimiento.

Permitir la muerte natural no es lo mismo que rehusar tratamientos que puedan salvar tu vida. Cualquiera que sea tu opinión sobre la eutanasia, el permitir la muerte natural no es eso. El rehusarse a intentar salvar un cuerpo moribundo, que está muriendo de una enfermedad irreversible, no es cometer suicidio.

Un día, cada uno de nosotros morirá, a pesar de todo lo que hagamos para evitarlo. Enfermar y estar muriendo por esa enfermedad no es un fracaso, es nuestro final en este planeta. Eso es todo. No hay juicio en eso.

Capítulo 27

Se trata del amor

¿Cómo pueden los muertos estar verdaderamente muertos cuando todavía viven en las almas de los que se quedan atrás?
~ Carson McCullers

Por favor, dale la bienvenida a la doula del fin de vida, matrona, guía de funerales en casa, celebrante y a todo tipo de personas que ofrecen servicios como parte de este movimiento de "empoderamiento en la muerte" que se remonta a los últimos veinte años más o menos. Hay muchos nombres para aquellas almas que quieren llevar paz al final de la vida.

Nosotros *no* somos parte de un movimiento médico, nuestro movimiento es desde el corazón. Y es un movimiento acerca de la decencia humana. No es de sorprenderse que en general no nos hayamos estado apoyando para morir bien en las últimas décadas, pues hemos creado tremendos milagros médicos de vida a cualquier costo.

Muchas personas hoy en día y a lo largo de los años han comprometido su vida a ayudar a otras personas a evitar una muerte miserable debido a los milagros médicos que hemos logrado. Siempre ha habido personas a lo largo del camino, aparte de los milagros médicos, que han intentado recordarnos sobre nuestra humanidad y sobre la ética de aquello en lo que nos estábamos metiendo; pero en su mayor parte, sus voces fueron demasiado silenciosas para ser escuchadas por encima de la búsqueda maníaca de la cura y de la vida eterna.

Cuidar y amar a otros está programado en nuestro ADN. Está en nuestra sabiduría ancestral y en nuestra herencia el acompañar a nuestros enfermos y moribundos. Hemos olvidado esto durante las últimas décadas, pues en su lugar hemos estado luchando principalmente contra la muerte. Así pues, en vez de estar dando amor a la persona mientras muere, muchos de nosotros hemos estado aterrados mientras observamos o hemos sido parte de la lucha contra la muerte. Aquí no hay nadie a quien culpar personalmente, pero colectivamente tal vez nos movimos muy rápido hacia la tecnología a un ritmo tan rápido que la mayoría de nosotros nos quedamos atrapados en eso, sufrimos mucho por eso y vimos a nuestros seres queridos sufrir. Lo sabemos mejor ahora.

Entonces, el movimiento de muerte positiva y de empoderamiento en la muerte que está ocurriendo ahora es, en esencia, acerca del amor. Se trata del cuidado amoroso a otra persona y el apoyo amoroso del uno al otro mientras morimos. Se trata de ayudar a nuestro cuerpo, emociones, mente, espíritu y alma. Se trata de reconocer la realidad del ciclo de la vida. Se trata de reconocer que las personas mueren a cualquier edad y que siempre será así. Se trata de amar a otros lo suficiente como para estar presente y no tratar de corregir su sufrimiento emocional ni espiritual. Se trata de ser un acompañante mientras cada uno maneja su propia muerte. Se trata de presenciar, cuidar y estar ahí. Se trata del *amor*.

No importa qué más hagas mientras sirves a los moribundos, ámalos. Ámate a ti mismo primero. Construye tu mundo de amor propio y compasión, para que así puedas regalar genuinamente eso a quienes sirves. Ellos no recordaran tanto lo que hiciste sino más bien lo que les hiciste sentir. Recuerda eso y ámalos. Las personas te sienten más de lo que te escuchan, ámalos. El amor y la compasión presentes y fluyendo abundantemente de ti, fuera de ti, es tu mayor fortaleza.

Esta es tu tarea diaria, tu tarea más importante en tu lista de pendientes: *ámate a ti mismo* para que puedas amar a las personas a las que sirves con un genuino y auténtico interés y apoyo.

Capítulo 28

Peleando con la muerte

Ábrete y la vida será más fácil. Una cucharada de sal en un vaso de agua
hace que el agua sea imbebible.
Una cucharada de sal en un lago pasa casi desapercibida.
~ Buddha Siddhartha Gautama Shakyamuni

Todos podemos estar de acuerdo en que hemos creado formas extraordinarias de mantenernos con vida a pesar de las probabilidades. Hemos visto los milagros y los horrores en nuestras vidas, en la vida de nuestros padres, en la vida de nuestros abuelos y en la vida de nuestros bisabuelos. Nos hemos maravillado de cómo podemos vivir mucho más allá de nuestra "fecha de expiración".

A veces el beneficio es simplemente la vida por el bien de la vida, y eso es suficiente. A veces las personas sienten que tienen calidad en sus vidas a pesar de sus nuevas y severas limitaciones, y a veces las personas tienen segundas oportunidades con un rendimiento pleno o casi pleno, incluso mejor que el que tenían en su vida anteriormente.

Y ahora estamos llegando a reclamar nuestro derecho a morir de una muerte natural u orgánica también. ¿Te puedes imaginar que hemos llegado a un momento de la historia donde las personas a veces se sienten avergonzadas cuando rechazan las opciones de alta tecnología para luchar contra la muerte?

Estamos reclamando nuestro derecho a una muerte natural *sin* sentir vergüenza de "abandonar la pelea". Nos hemos inclinado tanto en dirección a "la vida a toda costa", que lo que conlleva la presión de la gente es a escoger tratamientos "artificiales" de soporte vital cuando en realidad no los querían. Hubo presión de la familia, del sector médico y de ellos mismos. Para las personas que quieren eso, ¡fantástico!, lo tienen. Por defecto, recibirán ese tratamiento. Si no lo quieres, debes tener tus voluntades anticipadas. (Consulta el capítulo "Voluntades anticipadas", en la sección dedicada a los Materiales adicionales).

Toma en cuenta que no me estoy refiriendo a acelerar nuestra muerte, no me estoy refiriendo a la eutanasia. A lo que me estoy refiriendo es a permitir elegir la muerte natural. Muchos de nosotros queremos dejar de luchar contra la progresión natural de la muerte. Cuando dejemos de combatirla, en realidad tendremos una muerte más tranquila y pacífica.

Tanto sufrimiento viene de la lucha contra la muerte. Muchos tratamientos, procedimientos y procesos por los que las personas pasan para extender su vida en realidad causan un sufrimiento tremendo. Este es el "resto de la historia" que la mayoría de las personas no reciben cuando están tomando decisiones importantes sobre tratamientos y cirugías que afectarán el resto de sus vidas.

Los doctores, los enfermeros y el personal médico lo saben. También les duele no tener el tiempo suficiente para explicar adecuadamente las ventajas de los tratamientos que ofrecen, mucho menos compartir contigo todas las desventajas. El otro lado (las desventajas) de cada tratamiento ofrecido es real y en realidad puede causar un tremendo sufrimiento físico.

Escucharás a mucha gente decir "si quedo así, solo desconéctame". Yo te pregunto: *¿así cómo?* He cuidado de muchas personas que, debido a sus opciones de tratamientos, han tenido vidas miserables con tubos en cada orificio para sobrellevar cada necesidad. Pero los tubos se caen, su mecánica promueve la erosión de la piel alrededor del tubo, la piel se descompone y los fluidos corporales arden terriblemente. Y este es solo el comienzo de lo que realmente les sucede a las personas.

Estar al tanto del "resto de la historia" es mi manera de decirte que pidas que te digan la historia completa. Pregunta por las tres cosas más negativas que podrían pasar con cada tratamiento que te recomiendan recibir. A muchas personas se les dice que la alternativa al tratamiento es la muerte. Cuando cuidé a personas como enfermera de *hospice*, muchas personas me dijeron que hubieran preferido la muerte a lo que escogieron soportar al tratar de superar las probabilidades. Muchos me dijeron que se sintieron abandonados en la oscuridad y que no tenían idea de qué hacer excepto aceptar lo que se les había ofrecido. Pregunta por los plazos de tiempo previstos. ¿Cuánto tiempo puede este tratamiento alargar mi vida? ¿A qué te enfrentarás potencialmente si sobrevives? ¿Cómo será si rechazas el tratamiento? En los días que quedan, ¿cómo será el sufrimiento (si lo hay), en comparación con los resultados de la cirugía o tratamiento si no salen bien?

Para muchas personas, probar cada tratamiento siempre será su elección, siempre elegirán cualquier cosa para vivir en lugar de la posibilidad de la muerte. Esa es una elección noble. Como también lo es evitar consecuencias negativas o aceptar la posibilidad de una muerte más temprana. Esa también es una elección noble.

Estamos respaldados totalmente por el sistema actual para elegir luchar contra la muerte. Si en cambio escoges no luchar contra la muerte, cuenta con este libro como apoyo. Este libro apoya el traer paz a las personas cuando se enfrentan a la muerte. Si eliges pelear o eliges no pelear, yo te apoyo.

Algunas de las personas en tu vida pueden luchar contra la muerte hasta que no tienen más energía para pelear. Hay algunas situaciones, como ocurre con los jóvenes, accidentes, enfermedades repentinas y agresivas, o cualquier otra razón, en las que las personas lucharán con todo para sobrevivir.

No juzgues la resistencia de las personas a la muerte solo porque tú puedes sentir que está bien morir, independientemente de tu edad. Algunas personas sienten que la muerte es justa a cualquier edad y que no todos viviremos hasta una edad avanzada. Algunas personas desearían morir ahora, se sienten demasiado viejos y desmoronados para seguir viviendo. Los corazones de algunas personas están tan rotos que ya no quieren vivir, pero todavía están aquí, a pesar de que ellos mismos desean morir todos los días. Así que, mientras acompañas a las personas hacia el morir, serás testigo de muchas cosas.

Hay muchos escenarios con respecto a cómo puede ser "luchar contra la muerte" en alguien que conoces. Como doula, lo mejor que puedes hacer es escuchar amorosamente y sin juzgar a las personas que sirves. Escucha lo que ellos quieren y se parte de ayudarlos a tener eso.

Capítulo 29

Negación

No creas en todo lo que piensas.
~ Byron Katie

Estuve a punto de no titular este capítulo "negación" porque no creo que sea la mejor palabra al describir a alguien que está afrontando la realidad de que está muriendo o que un ser querido está muriendo. Es útil aquí, así que aquí vamos.

Acerca del cuidador principal. Por favor, no seas parte de la campaña "necesitamos quebrar su negación". A menos que el cuidador principal sea quien tome las decisiones para el moribundo y el cuidador principal esté tomando una decisión que perjudique al moribundo o que vaya en contra de sus deseos, no estoy segura de que sea necesario romper la negación del cuidador. Ni siquiera me gusta la expresión "quebrar la negación".

Lo que está sucediendo es que las personas involucradas están tratando de afrontar el hecho de que la persona que aman con todo su corazón está muriendo y que ya no estará aquí. Cada uno de ellos tiene una larga historia con esta persona y puede haber muchos traumas compartidos o momentos hermosos que son tan dolorosos de integrar en este momento que ellos están haciendo lo posible para sobrellevarlo. No tenemos idea del estado mental, psicológico, emocional o espiritual de la persona que está afrontando esta situación y no deberíamos de sentir que lo sabemos. A menos que seas un profesional de la salud mental capacitado (capellán, trabajador social, terapista, chamán, etc.), no contradigas los pensamientos de negación.

Acerca de la persona que está muriendo. Escucharás a muchas personas en la profesión de *hospice* decir que una persona siempre sabe en verdad cuando está muriendo. Yo solía creer eso, pero ya no. He pasado tiempo al lado de la cama de cientos de personas y estaría de acuerdo en creer que muchas personas saben que están muriendo. Pero más de unos pocos de verdad no lo saben.

Nunca sabemos lo que está en la mente o en el corazón de nadie. Todo lo que tenemos para seguir es lo que alguien nos dice o la manera en que él o ella se comporta. A veces tomamos lo que la gente nos dice al pie de la letra o a veces estamos muy ocupados leyendo entrelíneas. Buena suerte con eso. Escapa de los juicios. Si la persona luce como si estuviera muriendo, pero nos dice que no está muriendo, y de hecho está planeando un viaje a Cuba, yo los ayudaría a planear ese viaje, si me lo pidieran. Permite que el amor y la defensa por la persona moribunda sean tu guía y tu preocupación principal, y deja que el amor al cuidador principal, escuchándolo con todo tu interés, sea la segunda.

Acepta en ti mismo tu juicio sobre las personas involucradas en la lucha contra la muerte o en la lucha contra la aceptación de su muerte o por estar en negación. ¿Tienes sentimientos al respecto cuando esto está pasando? Si esto desencadena una reacción en ti, ¿por qué sucede? La comprensión es más importante que "sacarlos de la negación". Como doula, cualquier situación en la que estés que te deje con un impacto emocional, debería ser considerada por ti como tu propio problema, del que debes ocuparte para poder ser un mejor servidor.

Mientras menos te dejes afectar emocionalmente por las situaciones, más claro estarás y más capaz serás de servir al nivel más alto. Debes realizar tu propio autocuidado, lo que implica estar continuamente al tanto de tus asuntos emocionales y espirituales para poder solucionarlos.

Capítulo 30

El hospital no es un lugar para morir

Siete de cada diez estadounidenses
prefieren morir en su casa, de ser posible.
~ Kaiser Family Foundation Study

El hospital no es un lugar para morir (para la mayoría). Tal vez para la mayoría de las personas esto sea cierto, y esto es lo que todos los que escriben sobre la muerte perfecta dicen, ¿no es así? Solo ten presente que hay ciertas personas cuya preferencia sería morir en un hospital. Se sienten más seguros allí, encuentran consuelo en los hospitales.

En general, el hospital probablemente no sea el mejor lugar para que la mayoría de las personas muera. Sin embargo, a veces puede ser el mejor lugar para que algunas personas mueran. Olvídate de juicios absolutos al respecto y enfócate en la persona a la que estas sirviendo y en lo que él o ella quiere. Ayuda a esa persona a que eso suceda.

En el 2005, cuando mi madre murió, supe que quería ser parte de traer la muerte a casa, fuera de los hospitales. También supe, mucho antes de que se pensara en los servicios de *hospice*, sobre muchas cosas que aliviarían el sufrimiento (medicina paliativa, la medicina que *hospice* utiliza). No sabía que alguien más estaba trabajando en este movimiento fundamental de llevar "alivio al sufrimiento" de la gente mucho antes de que los servicios de *hospice* fueran considerados. Es cierto que la medicina paliativa es apropiada para las personas desde el primer día del diagnóstico con una enfermedad grave. *No* es solo para los moribundos.

Yo había estado trabajando en *hospice* por cinco años y nunca había escuchado a nadie hablar de eso. Tan solo presenciaba todos los días que había mucho sufrimiento antes de estar bajo los servicios de *hospice* y que era innecesario. En *hospice* teníamos respuestas que eran simples y conocidas. ¿Por qué las personas no usaban estas respuestas antes de comenzar con los cuidados de *hospice*? Yo no entendía. Lo que debía estar sucediendo no sucedía. Muchas personas estaban muriendo antes incluso de estar bajo los servicios de *hospice* y estaban sufriendo terriblemente. Estamos en el siglo XXI y esto es irracional.

Si una persona debe morir en el hospital, entonces tiene sentido que cada hospital tenga excelentes cuidados paliativos, y especialmente excelentes cuidados paliativos para los moribundos. Los servicios de *hospice* no deberían ser la única forma de morir bien. Si estás sirviendo a una familia cuyo familiar está en el hospital, y está muriendo y no está muriendo bien, solicita los servicios de *hospice* para que el paciente esté cómodo. La mayoría de los proveedores de *hospice* vendrán al hospital y se ocuparán del paciente. Aun cuando la persona esté muriendo bien en el hospital, *hospice* proveerá excelente apoyo emocional y espiritual y acudirá al hospital para acompañar a esa persona durante la muerte.

Capítulo 31

Aprendiendo a morir

La sabiduría viene con la habilidad de estar quieto. Solo mira y solo escucha.
Nada más es necesario. Estar quieto, mirando y escuchando activa la
inteligencia no conceptual dentro de ti.
Deja que la quietud dirija tus palabras y acciones.
~ Eckhart Tolle

He aquí un pensamiento: ¿qué tal si el morir no se trata solo de la persona que está muriendo? ¿Qué pasa si la tarea que está enfrentando el moribundo es enseñar a las personas a su alrededor cómo morir? Quedémonos con esto por un minuto. Si es cierto que estamos en este planeta para amarnos y servirnos unos a otros a través de la vida y somos los maestros unos de otros, entonces esto no termina cuando enfrentamos nuestra muerte.

¿Qué les queremos enseñar a las personas más cercanas a nosotros? ¿Necesitamos enfocarnos en cualquier otra persona menos en nosotros mismos cuando llega nuestro momento de morir? ¿No se trata todo esto de nosotros? ¿No deberían todos dejar todo y enfocarse directamente en nosotros y en nuestras necesidades? ¿Sí? ¿No?

En el movimiento de muerte positiva, hablamos de la muerte como un evento de la comunidad y queremos traer a la muerte de regreso al espacio de la familia y de la comunidad y sacarla del aislamiento de las habitaciones solitarias de los hospitales. Si la muerte es realmente un evento comunitario, entonces nuestra muerte está formando no solo nuestras vidas, sino las vidas de aquellos que nos rodean.

Cuando llegue el momento de morir de cada uno de nosotros, será algo nuevo y tal vez tengamos miedo, o tal vez no. Lo manejaremos de la forma que sea, con o sin gracia. Y todas las miradas estarán en nosotros, nos guste o no. Todos a nuestro alrededor estarán teniendo revelaciones sobre la muerte y el morir a través de nuestra experiencia con ella.

No solo estaremos aprendiendo a morir nosotros mismos, sino que estaremos enseñando a otros sobre el morir. Sin embargo, más importante es que compartiremos quiénes somos y cómo queremos que nos cuiden durante estos momentos. Estaremos revisando nuestra propia lista de tareas del fin de vida y estaremos poniéndole un visto a esas últimas cosas pendientes.

En el movimiento de empoderamiento en la muerte, lo que la mayoría de las personas están defendiendo es el reconocimiento de nuestra propia muerte y de que esta llegará. Esta inevitabilidad es lo que hace que planificar para ese momento sea lo más recomendable. Se trata de dar a conocer nuestras opciones y ser responsables con nosotros mismos y con nuestro planeta en esa planificación. Además, es ir compartiendo la sabiduría en el proceso e ir dejando un legado de amor y sanación para quienes nos sobreviven. Eso es todo. Simple, ¿verdad?

Capítulo 32

El uso de antibióticos

La mayoría de las personas no escuchan con la intención de entender.
La mayoría de las personas escuchan con la intención de responder.
~ Stephen Covey

Cuando estamos saludables, o esperamos vivir por un buen tiempo, se sugieren con frecuencia los antibióticos y su uso, y la mayoría de las personas no lo piensan dos veces. Hay un movimiento en contra del uso de antibióticos para la mayoría de las situaciones, pero a eso no es a lo que me refiero en esta discusión.

Sobre esto quiero llamar tu atención: solo porque una persona cercana a la muerte tenga una infección, no siempre es apropiado, necesario o aconsejable administrarle antibióticos. Hay maneras de manejar el dolor, si hay dolor. El antibiótico es administrado para curar o tratar una infección, no para curar el dolor. Si bien es cierto que una infección puede causar dolor, como en el caso de una infección de oídos, una infección de vejiga o algo similar, una infección no siempre causa dolor. Incluso una infección de vejiga, especialmente en ancianos, no siempre causa dolor.

No te alarmes si los médicos expertos de cuidado paliativo o enfermeros no recomiendan antibióticos para una persona moribunda en el caso de que le diagnostiquen una infección o incluso estén muriendo por una infección. Los efectos secundarios de los antibióticos pueden causar más daño que la infección.

Discute los pros y los contras con tu familia. Debes saber que es común en situaciones del fin de vida no tratar infecciones usando antibióticos, sino hacer lo que sea necesario para mantener a la persona cómoda.

Capítulo 33

Tubo de alimentación

Aquel que hace preguntas permanece tonto por cinco minutos.
Aquel que no pregunta permanece tonto por siempre.
~ Proverbio chino

Este capítulo no es para discutir a favor ni en contra del tubo de alimentación, sino para darte algo en que pensar.

1. Una persona puede aspirar los contenidos del tubo de alimentación y ahogarse con la misma facilidad (algunos dicen que más) que una persona que tiene dificultad para tragar. No te dejes engañar por un falso sentido de seguridad de que una persona no aspirará y se ahogará con un tubo de alimentación.

2. Solo por el hecho de que puedas administrar varias latas de líquido denso en calorías en un tubo no significa que debas hacerlo. Las pruebas de laboratorio demuestran que una persona moribunda no procesa las calorías que están siendo introducidas de manera forzada. Así que, ¿de qué sirve?

3. Fíjate también si la persona tiene diarrea. ¿Se reduce la diarrea si se disminuye la cantidad de líquido que se pone en el tubo?

4. La diarrea por fluidos que no se procesan bien a través del cuerpo, que más bien se acumulan en el tejido, exacerbará la degradación de la piel y saldrán escaras terribles. Las escaras (úlceras de decúbito) pueden ser muy dolorosas.

5. ¿El trasero de la persona está irritado por la diarrea? Nuevamente, debes estar muy pendiente de la degradación de la piel.

6. ¿La piel se siente "blanda"? ¿Sientes el líquido retenido en los tejidos? Nuevamente, esta es una señal de advertencia de que habrá problemas más adelante para alguien cuya circulación puede estar disminuyendo y que sus desechos no se están eliminando adecuadamente.

7. ¿La persona vomita o regurgita con frecuencia? Esta es otra señal de intolerancia a la alimentación.

8. Es importante saber que los fluidos se acumulan en los órganos del cuerpo y en la piel (el órgano más grande del cuerpo), y en los tejidos cuando la circulación va disminuyendo (incluyendo los pulmones). Puede que esto haga más difícil la respiración de una persona.

9. Básicamente, lee acerca de la sobrecarga de fluidos en una persona moribunda y mira si tu ser querido experimenta alguno de estos síntomas.

Deja que algunas de estas repuestas guíen a la familia sobre si ahora es el momento de usar nutrición artificial. Puede que estén usando el tubo solo para medicamentos. Habla con los encargados de *hospice*, un médico paliativo o un enfermero sobre la mejor forma de administrar los medicamentos que la persona moribunda necesita al momento.

Capítulo 34

Ventilación artificial

Mejor ser herido por la verdad que consolado con una mentira.
~ Khaled Hosseini

Si la persona que está muriendo no tiene los servicios de *hospice*, existe la posibilidad de que se le coloque un ventilador en algún punto en el proceso de declinación, si no es capaz de respirar por su cuenta. Cuando una persona está muriendo, cuando el proceso de la enfermedad subyacente no mejorará, poner a alguien en esto solamente prolonga su muerte. Lo mantiene oxigenado hasta que sus pulmones o alguna otra parte o partes del cuerpo fallen. Definitivamente ganará tiempo si es eso lo deseado. Pero luego el problema de quitarle el ventilador puede ser muy fuerte emocionalmente y cargado de culpas.

Toda persona que muere de una muerte natural dejará de respirar. Eso es parte del proceso. Ponerle a una persona un ventilador no aumenta su calidad de vida. Los medicamentos se pueden usar fácilmente para ayudar al moribundo con su respiración.

Las personas tienden a decir "desconectar" a la persona o "lo desenchufamos", y así sucesivamente, para referirse a cuando se le retira a alguien la ventilación artificial. Esto agrega una carga de culpa y un sentimiento de "jugar a ser Dios" que es muy doloroso para la familia. Esta opción no se le debería ofrecer a una persona con una enfermedad avanzada que está muriendo. Esto es irresponsable en la mayoría de los casos. ¿Quién dice que es "jugar a ser Dios" ponerlos en eso cuando sabemos que la persona está muriendo? ¿Estamos luchando contra Dios? Se puede argumentar de cualquiera de las dos maneras. El punto aquí es que el ventilador es un tratamiento inadecuado para una persona moribunda, y esto añade miedo y culpa innecesaria a las familias. Ya tienen suficiente al lidiar con la pérdida de su ser querido. Ese dolor es suficiente.

Hospice atiende diariamente a personas cuyos pulmones están fallando y ellos pueden manejar esta situación humanitariamente. Siempre puedes preguntar a la familia si les gustaría hablar con los encargados de *hospice* (un doctor debe pedir esta cita) y conocer su evaluación del caso para continuar con el tratamiento, si este ya ha iniciado. Es una situación poco común que los médicos del hospital elijan esta opción desde el inicio. Si una persona está al final de su vida, es aconsejable traer expertos en el manejo de síntomas del fin de vida, y *hospice* es el experto en situaciones del fin de vida. Los hospitales les piden que vengan y evalúen pacientes todo el tiempo y respetan las consultas que ellos reciben.

Capítulo 35

Eutanasia y muerte asistida

Nunca podemos juzgar la vida de los demás, porque cada uno sabe
de su propio dolor y de su propia renuncia.
~ Paulo Coelho

Como doula en servicio comunitario, tú decidirás el tipo de personas en las que te vas a enfocar. ¿Servirás a todas las personas? ¿O te vas a especializar en la muerte de infantes o de personas con demencia? He escuchado a algunos discutir si apoyarían a una persona que escogiera una muerte asistida.

Esta es una situación emocionalmente complicada, y si tú decides que quieres apoyar a otros a través de esto, te recomendaría encarecidamente tomar el entrenamiento de "Compasión y Elecciones" u otro grupo que se especialice en los temas relacionados con la muerte asistida. Tal como el aborto y la pena capital, este tema es muy pesado y con mucha controversia. Si vas a apoyar en esto, familiarízate bien con todos los aspectos del tema. Si no vas a apoyar a familias que desean esta opción, busca una forma sutil de decirles que no estás disponible para ayudar en esto.

Somos compasivos con las personas en todos los aspectos. Este es un tema muy delicado, y nuestro papel como doulas aquí no es tanto influir en una opinión, sino facilitar la discusión. Este tema ha llevado a más personas a debatir sobre el morir y la muerte en los Estados Unidos que el "Death Café". Tú tienes el potencial para traer más sanación y conciencia a tu comunidad al facilitar la discusión sobre temas candentes, en lugar de tomar partido y enfocarte en ti y en *tus* opiniones. Estamos aquí como canales de paz, como guías, en su mayor parte. Pero, nuevamente, tal vez tu misión y tu visión *son* una plataforma de un solo tema. Eso también es hermoso.

Solo se consciente de tu camino y del tipo de apoyo que quieres proveer. ¿Cuál es tu misión principal? ¿Cómo la llevarás a cabo de la mejor manera? Solo debes estar dispuesto a aceptar las consecuencias de cualquier decisión que tomes por ti mismo en la práctica.

Si tú eres una doula con una práctica privada en tu comunidad, a menos que quieras ser el portavoz de un movimiento en particular, te recomendaría ser discreto sobre el tema en público. Si no lo eres, esto puede boicotear tu práctica. Es un tema serio y digno de una discusión respetuosa. ¿Quieres que se te relacione con éste o cualquier otro tema que causa mucha controversia entre las personas?

Capítulo 36

Sedación terminal

La verdadera compasión significa no solo sentir el dolor de otro, sino también estar dispuesto a aliviarlo.
~ Daniel Goleman

Esto suena un poco aterrador para las personas que no han escuchado la frase antes. La *sedación terminal* es cuando el equipo médico y la familia toman la decisión de administrar medicamentos que alivien un sufrimiento intenso, sabiendo que los efectos de los medicamentos pueden acelerar la muerte. No es lo mismo que la muerte asistida. La muerte asistida es cuando los medicamentos son administrados con plena intensión de terminar con la vida de la persona. Ese es el punto.

En la sedación terminal, el punto es aliviar el sufrimiento relacionado con un síntoma en particular. La dosis del medicamento puede aumentar tanto que puede matar a la persona. Así como en una cirugía, o con cualquier otro tratamiento, uno de los peligros de la sedación terminal es que puedes morir. En la sedación terminal esto es lo que pasa: la dosis que va a ser necesaria para aliviar el sufrimiento de un síntoma en particular puede causar la muerte. Puede que no, pero puede suceder.

Algunas personas sienten que es mera semántica, pero claramente podemos decir que no lo es. Mientras el primer tratamiento está *destinado* a matar a una persona, el segundo está destinado a *aliviar* un síntoma, pero *puede* ocasionar la muerte de esa persona con mayor rapidez de la que le causaría la enfermedad si progresa naturalmente.

CUARTA PARTE
¿Quiero servir a mi comunidad como doula del fin de vida?

Solo por el hecho de que tengas un sincero interés en servir a los moribundos o de facilitar una conversación sobre cómo empoderar a otros a morir bien no significa que quieras tener una práctica de tiempo completo o incluso de medio tiempo. Pero algunos de ustedes sí quieren ser una parte activa de apoyo a su comunidad.

No hay nada mejor que llevar paz a otros al final de la vida. Algunos de ustedes pueden necesitar un poco de ayuda para interpretar sus propios sentimientos al respecto. Aquí está mi intento de ayudarte a resolverlo.

Una práctica privada no es para todo el mundo. Empezar una organización sin fines de lucro no es para todo el mundo tampoco. Con el tiempo verás por ti mismo cómo quieres manifestar este regalo y este llamado que tú tienes. Sí que te necesitamos.

Algunas de las maneras en que puedes servir:
- ➤ Práctica de medio tiempo.
- ➤ Ítem del menú de opciones de alguna práctica holística actual.
- ➤ Práctica de tiempo completo solo como doula del fin de vida.
- ➤ Educador comunitario y facilitador de discusiones.
- ➤ Defensor de pacientes especializado en temas de enfermedades avanzadas.
- ➤ Programa de voluntarios en *hospice* u otra organización comunitaria.
- ➤ Crear un grupo (asociación) de doulas del fin de vida.

Capítulo 37

Evalúa tu compromiso

Si tus objetivos no están sincronizados con la sustancia de tu corazón,
entonces lograrlos no importará mucho.
~ Danielle LaPorte

Una herramienta de evaluación que yo desarrollé, "la herramienta de compromiso de la doula del fin de vida", puede ayudarte a reflexionar detenidamente. Puede que tú seas la persona a quien acudir en tu círculo de familia y amigos cada vez que alguien se enferma gravemente o está muriendo. O puede ser que tengas una amplia experiencia en el campo del final de la vida y estás tratando de descubrir si quieres profundizar en ayudar a otros y en cómo lo harías.

Estás tratando de responder la pregunta: ¿es este trabajo realmente para mí? Puedes darte cuenta que el tema te atrae y que tu corazón anhela servir a las personas, pero tal vez estás tratando de discernir qué tan comprometido estás con este tipo de servicio. Así que responde las siguientes preguntas. No pienses demasiado, sigue tu instinto. He desarrollado "la herramienta de compromiso de la doula del fin de vida" para ayudarte a evaluar tu nivel y tu tipo de compromiso con esta clase de trabajo.

Herramienta de compromiso de la doula del fin de vida

Instrucciones. - Califica cada una de las diez declaraciones de la siguiente forma:

5 – *¡Definitivamente sí!*

4 – Sí

3 – Tal vez / No lo sé

2 – No

1 – *¡Definitivamente no!*

1. Estoy (casi) seguro(a) de que puedo hacer este trabajo y lo puedo hacer bien. Sé lo que necesito para hacerlo por mí mismo.

2. Estoy seguro(a) de que debería servir a otros con mi "llamado".

3. Sería capaz de cuidarme mejor a mí mismo si estuviera sirviendo a mi comunidad como doula del fin de vida, encajaría mejor en mi estilo de vida.

4. Escoge una de las siguientes declaraciones y califícala:

   a) Aun cuando *no* soy un médico profesional, tengo un regalo especial que bendecirá a alguien y/o a su familia.

   b) Soy un médico profesional y sé que quiero desempeñar un rol más amplio del que tengo en mi actividad actual dentro de mi organización.

5. Sería más auténticamente "yo" si estuviera sirviendo a mi comunidad como doula del fin de vida.

6. Estoy comprometido(a) al cien por ciento en servir a los moribundos y sus familias dentro de mi comunidad.

7. Si pudiera mantenerme económicamente haciendo este trabajo, pondría mi renuncia en mi trabajo actual y empezaría hoy mismo.

8. Estoy cómodo(a) siendo pionero(a) en un campo nuevo, un(a) innovador(a) entre los/las innovadores(as).

9. Estoy cómodo(a) comercializando mis servicios.

10. Sé exactamente cómo quiero integrar mis experiencias, mi educación y mis dones espirituales/emocionales.

Tu puntuación: Determina el tipo de compromiso que quieres tener, basado en cómo respondiste las preguntas. Pon atención realmente a tu voz interior.

Si tu puntuación es de 35 a 50, sabes que estás muy decidido a superar los momentos difíciles, las dudas y los obstáculos que pueden surgir en tu camino.

Si tu puntuación es de 20 a 34, busca profundamente dentro de ti para saber qué parte de todo te atrae y enfócate en esa parte.

Si tu puntuación es de 10 a 19, puede que sea solo una curiosidad pasajera, y eso también está bien. O puede también significar que vas a ser más feliz siendo la persona a quien acude tu familia y amigos y no estás realmente interesado en servir como practicante independiente dentro de tu comunidad.

¿Cuál fue tu puntuación? ¿Te estás inclinando a crear tu práctica?

Ya sea que quieras una práctica privada o no, si realmente deseas explorar tu pasión por servir a los moribundos, me siento honrada y muy agradecida de acompañarte mientras exploras en mi espacio sagrado para tutoría: School of Accompanying the Dying. Para mayor información visita www.school.accompanyingthedying.com. Tenemos un poderoso programa de auto-transformación mientras aprendes todo lo que necesitas para servir bien a otros. Las personas han acudido a mí durante años para aprender el modelo del arte de una doula, algo que con seguridad no se puede aprender en un taller de fin de semana, ni mío ni de nadie más.

Aprender el modelo del arte de una doula es algo que requiere tiempo y paciencia. Saltar a través de aros de prueba no te hace mejor en ello. Dedicarte al estudio y al cuidado personal, ganar experiencia y comprometerte con una comunidad es el verdadero camino de una doula del fin de vida. Establece esto primero. *Luego*, si deseas desarrollar una práctica privada, hazlo. No recomiendo hacerlo todo al mismo tiempo.

Aprende la problemática de la doula del fin de vida y todo lo que conlleva servir a personas en este momento. Aprende sobre ti mismo en el camino. Mientras lo haces, podrás ver exactamente dónde encajas y lo que quieres crear.

Te deseo muchas bendiciones y espero conocerte en este hermoso camino.

Capítulo 38

Consideraciones previas a la creación de una práctica privada

He aprendido que la gente olvidará lo que dijiste,
la gente olvidará lo que hiciste,
pero la gente jamás olvidará cómo los hiciste sentir.
~ Maya Angelou

Con suerte, la herramienta de evaluación del capítulo 37 te dio mayor claridad y aceptación de lo que hay en tu corazón. Si te estás inclinando fuertemente a crear tu práctica privada, entonces considera lo siguiente antes de sumergirte.

Hay cinco cosas principales en las que pensar antes de crear una práctica:

1. *No renuncies a tu trabajo.* No estoy yéndome en contra de la "ley de atracción" o ningún mantra de pensamiento positivo al contarte esta realidad: no estamos en el radar de la mayoría de las personas todavía. Ellos no saben que estamos aquí. La mayoría de las personas saben que están frustradas, asustadas, ansiosas, sobrecogidas y afligidas, pero no

tienen idea de que hay un grupo emergente de personas con un rol "nuevo" que puede ayudarles. Eso, sin embargo, está cambiando. Estoy segura de que puedes sentirlo. Estás mucho más cerca de poder mantenerte económicamente a ti mismo actualmente de lo que yo estaba en el 2005. Yo todavía mantendría un plan para hacer esta transición hacia un "trabajo de tiempo completo", si estás contando con tus ingresos mensuales presentes.

Estoy haciendo todo lo posible para crear conciencia sobre este movimiento. En *Quality of Life Care*, he creado muchas iniciativas de educación pública, como nuestro podcast, *Viaje con Deanna*, y nuestro blog. Nuestro podcast se inició como el primer podcast de radio de cuidados paliativos del mundo. Tengo un centro de aprendizaje gratuito en nuestra página de Facebook para que todos los aspirantes a doulas aprendan todo lo que puedan. Hay otras personas hermosas que, en los últimos años, han llegado a la escena y están enseñando todos los aspectos del cuidado del fin de vida, lo cual es maravilloso. Estamos en la segunda fase de un movimiento floreciente, ¡espera! Y quiero que desarrolles una práctica hermosa, basada en tu corazón y no en el miedo (miedo de ganar suficiente para hacer tus pagos al fin del mes). Así que, aun cuando nuestra economía respaldara tu práctica privada en este momento (las empresas de acompañamiento a personas son un negocio de billones de dólares), necesitas estar preparado para pagar tus facturas mensualmente hasta que esta práctica pueda mantenerte.

2. *Debes saber lo que haces cuando estás trabajando con una persona que está muriendo y con su familia.* Solo por el hecho de que tengas un deseo de servir y un corazón lleno de compasión, no significa que sepas cómo hablar con una persona moribunda o cómo apoyar a una familia en ese momento.

Detecta lo que no sabes y fortalécete en esas áreas. Un paso a la vez. Yo honro y respeto tu investigación para hacer este trabajo sagrado. Eso significa que tú respetas a las personas a quienes quieres servir. No existe una junta directiva de acreditación nacional o internacional que supervise a los guías o acompañantes del fin de vida, por lo que tú mismo debes sentirte impulsado por este valor. Somos un campo auto-regulado, así que debes conocer tus propios límites y practicar con estándares impecables.

3. *Guía con tu corazón.* A nadie le importa cuáles son tus credenciales cuando se encuentran en medio de un dolor abrumador. Quieren saber que estás ahí y que te preocupas. Necesitan sentirte en la habitación. No necesitan tu conocimiento intelectual o tu filosofía de los aspectos culturales de la muerte desde 1293. ¡Te necesitan a ti!

La presencia es la base, la piedra angular de nuestra práctica. Para estar presente emocional y espiritualmente para alguien y su familia, tú mismo debes estar enraizado, consciente, sensibilizado y atento. La presencia es una necesidad. Esta es la base para todo tu trabajo, sin importar lo demás que puedas ofrecer a una familia.

4. *Deja saber a la gente que estás ahí.* Te animo a que crees tus campañas de concientización (por ejemplo, esfuerzos de mercadeo) en formas que sean fieles a tus propios valores, que para la mayoría son educación, inspiración y empoderamiento. Hay otras maneras de darse a conocer en tu comunidad como la persona a quien recurrir, por ejemplo, crear un grupo de discusión de libros o películas. Debes estar dispuesto a ponerte en los zapatos de un innovador, pues hay pocos caminos para nosotros aparte de *hospice*. La mayoría de las personas huyen de la muerte mientras que tú estás corriendo hacia ella. Eres verdaderamente único y *debes* tener la vocación de comportarte de esta forma. No puedo esperar a conocerte.

5. *Participa en un autocuidado radical a largo plazo.* Sea cual sea la tradición de tu fe, debes estar preparado para ampliarla cuando entres en este campo. Te encuentras cara a cara con algunas de las emociones, situaciones y momentos más difíciles que las personas deben enfrentar. Sí, sabemos que esto puede ser hermoso. Es por eso que quieres hacer esto. Y sí, algunas personas preguntarán por ti porque quieren crear un espacio sagrado y una experiencia de muerte hermosa, *y* muchas personas no podrán estar en este espacio.

Para hacer un buen trabajo, debes ser respetuoso de tu corazón y de las realidades de estar frecuentemente entre dos mundos y de estar en presencia de un dolor significativo. Puedes estar en este espacio si te estás cuidando muy bien a ti mismo de una manera amorosa y constante, y si te estás apoyado de alguna manera espiritualmente en un nivel profundo. Estas dos cosas, autocuidado y apoyo espiritual, deben suceder porque no solo las necesitas para ser capaz de hacer este trabajo, sino que también las necesitas para poder mantenerte presente en el momento con la persona con quien estás y no quedarte a la deriva.

Necesito en este momento ser muy honesta. Tener una práctica privada es trabajo duro. Eres un trabajador independiente si elijes esto; eres responsable de cada aspecto de tu práctica. Está el lado del servicio, que todos amamos, y hay otros dos lados (piensa en un taburete de tres patas). Debes comercializar o promocionar tus servicios y debes mantener el negocio, así como pagar tus cuentas y realizar todas las tareas administrativas. Esto puede ser extenuante hasta que puedas contratar a alguien que te ayude o reunir un gran equipo de voluntarios. No es para todo el mundo, ya que las horas de trabajo pueden ser extenuantes. Y siempre recuerda que a todo a lo que le digas sí, le estás diciendo no a alguien o a algo más.

APÉNDICE
Materiales adicionales

En esta sección te ofrezco material adicional, listas de chequeo y recursos para ayudarte a ayudar a otros. Espero que lo encuentres enriquecedor, ya que profundizará tu entendimiento de lo que debes saber y lo que puedes hacer para fortalecerte en este rol como alguien que acompaña a otro a través de la muerte.

I. La segunda ola y mi historia

La primera ola de trabajo alternativo de la muerte fue el movimiento de *hospice*, que comenzó con Dame Cecily Saunders a finales de la década de 1960. Hemos visto lo que ha pasado en el mundo, en lo relacionado a morir en paz y con dignidad desde que *hospice* apareció en ese tiempo. *Hospice* fue un movimiento alternativo de la atención médica moderna en ese entonces y se incorporó a la atención médica convencional alrededor del mundo.

Lo que está moviéndose con fuerza desde aproximadamente el año 2000 es lo que yo llamo la segunda ola. Estamos conversando acerca del morir, acerca de las voluntades anticipadas, acerca de las opciones funerarias. Las encuestas dicen que queremos morir en casa. Hemos llegado al tope con vivir a toda costa y estamos decidiendo que eso no es para nosotros. Estamos diciendo que queremos cuidar de nuestros moribundos, pues ha pasado mucho tiempo desde que la mayoría de nosotros ha cuidado de nuestros moribundos y necesitamos que nos enseñen cómo hacerlo.

Los "practicantes" en esta segunda ola han estado involucrados en el movimiento de *hospice* directamente a lo largo de los años o han querido estar al servicio, pero no han visto exactamente cómo encajan fuera del rol de voluntarios en los servicios de *hospice* o en el sistema de hospitales. Muchos de ellos han sido voluntarios, pero quieren hacer más. Quieren hacer de esto el trabajo de sus vidas y necesitan ganarse la vida. Tienen ideas de lo que puede servir para las personas en este momento. Tienen ideas para servicios, programas, iniciativas y quieren ser los que las encabecen. No están satisfechos ayudando solo de vez en cuando, luego de una larga semana de trabajo, o teniendo limitaciones organizacionales estrictas.

Entonces, mientras todo esto ha estado pasando, la insatisfacción de los clientes con la industria funeraria estuvo creciendo. No querían pagar precios exorbitantes por un funeral y querían opciones. En 1978, *The Funeral Consumer Alliance* (La Alianza de Consumidores de Servicios Funerarios) se formó para ayudar a los intereses del consumidor. La cremación ganó popularidad en la década de 1970. El liderazgo para llevar el cuidado de la muerte a la casa comenzaba a tomar lugar a través de personas como Jessica Mitford, Ernest Morgan, William Wendt, Lisa Carlson, Nancy Poer y Tamara Slayton, entre otros.

En la década de 1990, los entrenamientos de funerales en casa comenzaban a despegar en los Estados Unidos a través de *Natural Transitions* y *Final Passages*. A mediados de la década de los 2000, cuando decidí convertirme en una "matrona de la muerte" (pensé que yo lo había inventado), no tenía idea de que esto ya estaba pasando. Me topé con un taller de funerales en casa en el 2007 en Austin, Texas, durante una conferencia del *Funeral Consume Alliance* y no he vuelto a ser la misma desde entonces. En ese momento noté que aquellos que ayudaban con funerales en casa se hacían llamar "matronas de la muerte".

No quise confundir lo que estaba pasando a los ojos de cualquiera que estuviera prestando atención, así que me llamé a mí misma "doula del fin de vida", ya que mi interés en esos tiempos no era el de dedicarme a ayudar en los funerales en casa. Sentí que este era un nuevo movimiento, uno que eventualmente se volvería bastante fuerte, y no quería enturbiar las aguas. Sentí que eso era lo correcto.

En la década de los 2000 se hablaba un poco sobre personas sirviendo fuera de los servicios de *hospice*. El Centro Shira Ruskay en la ciudad de Nueva York tenía un programa de doulas del fin de vida para capacitar a voluntarios que servían por medio de visitas semanales a personas que se encontraban solas. El programa ahora se llama "Programa de Doulas de Acompañamiento y Apoyo".

Hablé con las personas en el programa en ese entonces, y no era apropiado para mí el capacitarme con ellos. Me di cuenta que no lo necesitaba. Sabía cómo tratar con las familias al final de la vida de manera privada a través de mi experiencia en el manejo de casos como enfermera registrada de *hospice*. Serví a las familias de todas las formas posibles, los defendí antes, durante y después de la muerte. Mi rol se expandió. Fui un anexo a los servicios de *hospice* en mi nuevo rol de doula del fin de vida. Me encantaba. Servía a una familia a la vez. Amé cada minuto de ello.

Empecé un blog, y la gente me escribía. Querían que les mostrara lo que estaba haciendo. Querían capacitarse conmigo, así que los envié a *hospice* a aprender, a servir ahí. En mi opinión, si quieres servir a los moribundos, lo debes aprender en *hospice*. Estas personas continuaban buscándome. Tenía más personas escribiéndome y llamándome para enseñarles, que el tiempo que tenía disponible para atenderlos. Fue un momento interesante. Me reuní con los líderes del movimiento antes de darme cuenta de que estábamos en un movimiento. Yo simplemente quería hacer lo que sabía y amaba, de una manera más íntima de la que podía ofrecer en *hospice*. Por todos mis años en el manejo de casos en *hospice*, supe que la gente me necesitaba a mí y a lo que yo sabía, mucho tiempo antes de que llegaran a *hospice*. Esto lo pude comprobar en mi propia casa con la muerte de mi madre.

La gota que derramó el vaso vino en el 2005 y selló mi compromiso de educar a la gente de forma elemental. Después de que mi madre murió y yo regresé a trabajar en un hospital de cuidados intensivos a largo plazo, justo en mi primer día, mi paciente era una señora con enfermedad renal en estado terminal y que tenía poco más de 60 años. Yo la recordaba desde antes del diagnóstico y la muerte de mi madre, de solo dos meses antes. Ella parecía muy enferma y había estado ahí todo el tiempo mientras yo estuve ausente. Al regresar de mi almuerzo ese primer día, encontré a nuestro equipo de respuesta tratándola en el piso a la mitad del pasillo: había drama, trauma y violencia en una mujer que estaba muriendo.

Ellos le "salvaron" la vida. Ella era una persona con órdenes de "no resucitarla". Ese fue mi último día de trabajo en ese hospital. Estaba demasiado sensible luego de la muerte de mi madre, a los 61 años, como para estar en una situación como esa. Estaba demasiado aferrada a mis creencias de un cuidado apropiado para los moribundos como para mirar que las cosas se hicieran de esa manera. Tenía que ayudar como pudiera y quería salir de lo "comercial", trabajar para vivir de la creación de "paisajes" y ofrecer mi "talento" como matrona de la muerte como un servicio comunitario de donación, una familia a la vez.

En el proceso de dejarle saber a mi comunidad que yo estaba ofreciendo este servicio, ofrecer mi tiempo como voluntaria ayudando a entregar el mejor cuidado posible durante la muerte, puse un anuncio en un directorio holístico. Para hacerlo, pensé que debía darme un título descriptivo que le diera a la gente una idea de lo que estaba ofreciendo. Yo había tenido a mi segunda hija en casa con unas matronas laicas en un esfuerzo por evitar otra cesárea innecesaria. Me encantó cómo se desarrolló todo y, en mi mente, estaba prestando la misma atención amorosa a las personas en un momento en el que de otra manera podrían estar llenas de ansiedad. Matrona de la muerte parecía ser el título apropiado. Puse mi anuncio en el directorio holístico. La única respuesta que obtuve en todo ese año fue de alguien que quería que los entrenara.

Una cosa llevó a la otra y ahora, años más tarde, estoy aquí escribiéndote sobre mis observaciones acerca de este movimiento y sobre la gente que he estado conociendo que también está llamada a unirse a él. ¡No hay falta de pasión en este grupo! Es sorprendente conocer a personas de todas partes del mundo, trabajando en toda clase de profesiones, que también están llamadas a servir a los moribundos. La mayoría de estas personas no están prestando servicios médicos. ¿No es esto interesante?

Hay tantas personas haciendo cosas excepcionales en todas partes del mundo, y hay tantas en los Estados Unidos. Personas como yo, que decidieron hacer algo positivo en sus comunidades y están siendo pioneros ahora mismo. Vas a conocer a muchas personas excepcionales; hay tantos nombres que desearía poder mencionar en este libro para que los busques, ya que serías una mejor persona si los llegaras a conocer. La mayoría de ellos no son certificados en ningún programa de doulas. Yo tampoco lo soy. Recibí toda mi experiencia y capacitación como enfermera registrada de *hospice* con años en el campo, aprendiendo de un equipo multidisciplinario durante varios años. Entré a servir a mi comunidad desde una formación diferente, basada en todos esos años de experiencia.

El fenómeno de una persona que opta por un programa de entrenamiento de doula del fin de vida es nuevo. La mayoría de nosotros simplemente salimos y empezamos a hacer el trabajo de ayudar a otros. Pero puedo decirte que, con el tiempo, mi teléfono empezó a sonar sin cesar, y las personas, una tras otra, me pedían que las certificara. No importó que yo les dijera que no necesitaban una certificación. Podía escuchar la pasión en sus voces y escuché sus historias. Ya estaban haciendo un trabajo extraordinario. Otros líderes de industrias como doulas de nacimiento, instructores de yoga y aroma terapistas me han dicho que esta nueva fase de programas de capacitación del fin de vida que certifique a una persona como doula del fin de vida es un paso inevitable en un movimiento como el nuestro.

Estos líderes han compartido conmigo cómo sus industrias se desarrollaron de manera similar. Puedo decirte por experiencia que esto es guiado por personas que quisieron ser doulas. No está dirigido por un capacitador. Tenía más personas en mi programa que exigían ser certificadas que las que no. Tuvimos debates y muchas discusiones sobre este tema durante mis primeros años, y siempre he seguido lo que mis clientes querían en el servicio, y esto no es diferente en mi programa de entrenamiento. En el 2016 decidí unirme a la comunidad del fin de vida ofreciendo una certificación de doula del fin de vida (CEOLD, por sus siglas en inglés) ofrecido por *Quality of Life Care* para las personas que completaran con éxito los requisitos de mi curso. Luché contra esta necesidad de certificación por diez años, pero llegó el día en que me di cuenta de que no tenía mucho sentido resistirme a eso.

Debes saber que hay mucho talento aquí y tanta gente de la que aprender. Todos somos necesarios. Como profesional, asegúrate de ser responsable de lo que sabes y de lo que ofreces a la comunidad. Como consumidor, asegúrate de sentirte cómodo con el profesional y pide referencias. Usa tu sentido común. Cuando mires a los ojos de la doula del fin de vida que esté delante de ti, vas a saber si te sientes cómodo con esa persona o no. Confía en tu instinto.

II.   Cuidados paliativos

Casi cada vez que hablo de cuidados paliativos, lo que escucho enseguida es: "¿Cuál era esa palabra?", "¿Cómo la pronuncias?" Paliativos se pronuncia pa-lia-ti-vos, su raíz latina significa "cubrir". ¿Por qué razón asociarías esta palabra con algo médico? Si una persona conoce la palabra, entonces la respuesta suele ser "ah, claro, *hospice*".

Entiende que los cuidados paliativos deberían ser ofrecidos y aplicados desde el día uno de una diagnosis seria. Los servicios de *hospice* son solo una forma de aplicar cuidados paliativos. *Hospice* es la aplicación de cuidados paliativos como el único método de cuidado al final de la vida.

Como lo dije antes, los cuidados paliativos son exitosos y apropiados para brindar y mantener la comodidad de las personas mientras enfrentan su enfermedad grave, sin importar en qué etapa se encuentren en el curso de su enfermedad. Es apropiado iniciar los cuidados paliativos a medida que las personas comienzan los tratamientos curativos para su enfermedad, sin importar cuál sea la enfermedad. Es apropiado sin importar las decisiones de tratamientos que tomen las personas, y es apropiado mucho antes de que se consideren los servicios de *hospice*.

Comencemos con las definiciones. Observa lo larga que es cada definición. Esto se debe a lo intricado que es. Además, es un concepto difícil de explicar porque su aplicación en entornos fuera de *hospice* es relativamente nueva. Nosotros que estamos en las trincheras de los cuidados paliativos nos apasionamos por educar a otros, porque todavía el mito estándar entre el público y los trabajadores del sistema de salud es que esto es *"hospice"*. Esta es la mayor barrera para que las personas estén cómodas mientras lidian con su enfermedad grave.

Las dos definiciones que estoy usando son las de la Organización Mundial de la Salud y del Centro para Cuidados Paliativos Avanzados. Observa la similitud entre las dos definiciones. Después de leerlas sabrás, cada vez que veas la definición de cuidados paliativos limitada al "cuidado que se implementa cuando la cura ya no es posible", que es una definición inexacta, que esa definición es en realidad la definición de cuidados de *hospice,* no de cuidados paliativos.

La definición de la Organización Mundial de la Salud:

Los cuidados paliativos son un enfoque que mejora la calidad de vida de los pacientes y sus familias al enfrentar los problemas asociados con enfermedades mortales, a través de la prevención y el alivio del sufrimiento, mediante la identificación temprana y la impecable evaluación y tratamiento del dolor y otros problemas físicos, psicosociales y espirituales.

Los cuidados paliativos:

- ✓ Proveen alivio del dolor y otros síntomas molestos.
- ✓ Afirman la vida y consideran la muerte como un proceso normal.
- ✓ Su intención es no acelerar ni posponer la muerte.
- ✓ Integran los aspectos psicosociales y espirituales en el cuidado del paciente.
- ✓ Ofrecen un sistema de apoyo para ayudar al paciente a vivir tan activamente como sea posible hasta la muerte.
- ✓ Ofrecen un sistema de apoyo para ayudar a la familia a sobrellevar la enfermedad del paciente y su propio duelo.
- ✓ Ofrecen un enfoque de equipo para abordar las necesidades de los pacientes y sus familias, incluyendo la terapia de duelo, si fuera indicada.
- ✓ Mejoran la calidad de vida y pueden también influir positivamente en el curso de la enfermedad.

✓ Son aplicables de forma temprana en la enfermedad, junto con otras terapias destinadas a prolongar la vida, tal como la quimioterapia o la radioterapia, e incluye las investigaciones necesarias para entender mejor las complicaciones clínicas inquietantes.

La definición propuesta por el Centro para los Cuidados Paliativos Avanzados (CAPC): hasta que se pueda alcanzar un consenso nacional en los Estados Unidos, el manual de el CAPC propone que la siguiente definición de cuidados paliativos se utilice para guiar el desarrollo del programa de cuidados paliativos.

Definición breve: los cuidados paliativos buscan aliviar el sufrimiento y mejorar la calidad de los que están viviendo y muriendo.

Definición elaborada: los cuidados paliativos son apropiados para cualquier paciente y/o familia viviendo con o en riesgo de desarrollar una enfermedad mortal.

✓ Debido a un diagnóstico.

✓ Con cualquier prognosis sin importar la edad.

✓ En cualquier momento en que tengan expectativas y/o necesidades no satisfechas y estén preparados para aceptar tratamientos.

✓ Su objetivo es abordar:

  ✓ Expectativas y necesidades físicas, psicológicas, sociales, espirituales y prácticas.

  ✓ Pérdida, duelo y sufrimiento.

  ✓ Preparativos y manejo auto-determinados del término de la vida, el proceso de morir y la muerte.

Es realizado más efectivamente por un equipo multidisciplinario. Puede complementar y mejorar la terapia de modificación de la enfermedad o puede volverse el punto de atención total del cuidado. También puede ser aplicable a pacientes y familias que padecen enfermedades agudas y/o enfermedades crónicas.

Ahora ya sabes que no tienes que estar muriendo para recibir cuidados paliativos. Está claro por qué es tan mal entendido. Es un concepto relativamente nuevo, y los conceptos nuevos requieren algo de tiempo para afianzarse e integrarse completamente en la práctica.

Los cuidados paliativos comienzan cuando el tratamiento curativo se inicia con una enfermedad grave y terminan con la muerte. No deben iniciarse meses después de empezar el tratamiento. No deben usarse sin medicamentos recetados por expertos, ni sin dosis meticulosamente evaluadas en el proceso. No se deben retirar cuando alguien está cerca de la muerte y parece ya no estar sufriendo solo porque está inconsciente y no responde.

Los cuidados paliativos deben usarse como cualquier otro tipo de tratamiento. Inicia con el diagnóstico, se supervisa su efectividad y se ajusta apropiadamente. La efectividad de la medicina paliativa está basada en la calidad de vida que percibe la persona afectada. Su éxito es medido por el funcionamiento cómodo del paciente.

Cuando los síntomas angustiantes no se manejan bien, la vida del paciente se vuelve muy limitada. El movimiento y la participación en la vida diaria son limitados. Cuando estamos cómodos, vamos a querer hacer algunas de nuestras cosas favoritas o simplemente pasar tiempo pensando. Aumenta el apetito, aumenta la energía, mejora el sueño, y esa espiral de calidad gira positivamente entre toda la familia, ya que todos afectamos profundamente a los otros ya sea que nos llevemos bien o no.

Para algunos de nosotros, la meta es la supervivencia, sin importar la calidad de vida. Nuestro sistema médico de cuidados agudos está creado para eso, por lo que recibirás medidas para salvar tu vida sin tener que solicitarlas. Si quieres cualquier cosa diferente, debes comunicar tus deseos por escrito en forma de voluntades anticipadas.

Lo que la calidad de vida significa para cada uno de nosotros es completamente personal. Es por eso que debemos dar a conocer nuestros deseos a nuestra familia y a nuestro equipo médico. No hay estándares universales de calidad de vida, pero aun así existe una suposición universal (dentro del entorno hospitalario) de que todos queremos vivir el mayor tiempo posible, sin importar las consecuencias.

A medida que aumenta la conciencia de la posibilidad de confort durante el curso de una enfermedad grave, también lo hacen las discusiones sobre las ramificaciones completas de nuestras opciones para tratar esta enfermedad. En estas discusiones, nuestro poder de elección afectará directamente nuestros propios valores con respecto a cómo vivimos con este tipo de enfermedad. La realidad de que estaremos completamente informados y tomaremos nuestras propias decisiones basados en esa información nos dará la dignidad de tener voz y voto sobre nuestras vidas en estos momentos que de otra manera serían de mucha impotencia.

Tenemos poco control sobre cómo reacciona nuestro cuerpo frente a una enfermedad, pero sí tenemos control sobre cómo respondemos nosotros ante ello. La mayoría de nosotros no sabe que realmente tenemos este tipo de poder. No ha habido el tiempo de explicarlo. El personal médico tiene que experimentarlo de alguna forma para creerlo. La opción basada en vivir a toda costa se presenta usualmente cuando una intervención médica es sugerida. Sin embargo, les toma mucho tiempo a aquéllos en la comunidad médica informar a la gente sobre los problemas de calidad de vida que surgen como resultado directo de estas intervenciones. Y, desafortunadamente, ese tiempo no está contemplado en nuestro sistema médico actual.

Sí, la pieza que está faltando es el tiempo, y la falta de tiempo es la causa de mucho sufrimiento antes de ingresar a los servicios de *hospice*. Muchas personas nunca ingresan a los programas de *hospice* y, morirán en un hospital. Esto pasa porque no han sido informados de las ramificaciones completas de los tratamientos ofrecidos debido a la falta de capacitación de los proveedores o a la falta de tiempo. Muchas de estas personas viven muy incómodas durante sus últimos meses o años.

Las personas que sí ingresan a un programa de *hospice* lo hacen, en su mayoría, durante las últimas dos semanas de vida, y estas admisiones, como era de esperarse, son el resultado de una crisis. Usualmente esta decisión es motivada por una crisis porque la gente quiere hacer lo posible para vivir una vida más larga. Muchas veces, este enfoque nos lleva a tener mucho sufrimiento, tal como ya lo hemos visto. No es necesario escoger entre confort y longevidad de vida. Podemos perseguir la longevidad y tener confort al mismo tiempo. Estas son las buenas noticias. No tenemos que renunciar a la calidad de vida para buscar una cura. Podemos tener ambas. Estos son los cuidados paliativos aplicados. No tenemos que estar muriendo para estar cómodos. Este es mi mensaje.

III. *Hospice*

Los servicios de *hospice* son para personas que han sido evaluadas y a quienes se les ha estimado una muerte probable dentro de los siguientes seis meses, si su enfermedad continúa su curso. Cada país tiene su propio sistema para derivarte a este servicio y una forma diferente para pagarlo.

La mayoría de los países desarrollados tienen servicios de *hospice*. Trabajo con muchos pioneros en otros países donde los servicios de *hospice* son prácticamente inexistentes. Aquellos de nosotros que sí tenemos un sistema con el cual trabajar, en realidad tenemos suerte.

Los servicios de *hospice* tienen una aproximación multidisciplinaria para cuidar holísticamente a las personas y a su familia. Excepto por los voluntarios, *hospice* está compuesto por un equipo de profesionales:

- ✓ Médico
- ✓ Enfermero
- ✓ Trabajador social
- ✓ Capellán
- ✓ Asistente de enfermería certificado
- ✓ Voluntario
- ✓ Terapista de duelo

Hay muchos artículos extensos y maravillosos, así como libros, sobre los cuidados de *hospice* y sobre la historia de los cuidados de *hospice*. Sé que los encontrarás. En este capítulo, me gustaría enfatizar tres cosas sobre los servicios de *hospice* que debes tener en cuenta. Utiliza esta información para apoyar a las personas mientras están en *hospice*.

1. *Hospice* trabaja con una visión de consultoría, no está diseñado para actuar como una agencia de cuidadores. Mucha gente se sorprende al saber esto. En *hospice*, tratamos de estar ahí en los momentos clave, durante un declive acelerado y durante el proceso preciso de muerte, si quieres que alguien esté ahí. Pero el servicio en sí no está diseñado para apoyar a una familia por horas en los momentos previos a la muerte. *Hospice* lo intenta, cuando así se desea. Es por esto que los servicios de *hospice* tienen un programa de voluntarios de último minuto, y por eso algunos de ellos están desarrollando programas de doulas del fin de vida. El equipo de *hospice* hace grandes esfuerzos para estar presente tanto como sea posible durante la muerte de las personas que cuidamos, pero, como puedes imaginar, *hospice* no tiene el personal para apoyar esto.

2. *Hospice* utiliza los cuidados paliativos como el único método de atención. No se ofrecen tratamientos agresivos ni curativos. Pero hay tanto que se puede hacer al final de la vida, tantas opciones de tratamientos, y todos son de naturaleza paliativa (confort). Se puede hacer mucho para proveer excelentes cuidados médicos y de confort, y está dentro de la disciplina de medicina paliativa el proveerlos.

3. Las personas no son derivadas a *hospice* lo suficientemente pronto. Existe un malentendido de que *hospice* es solo para los últimos días de vida. Esto no puede estar más alejado de la verdad. Mientras más pronto las personas con una enfermedad en etapa terminal estén bajo los servicios de *hospice*, mejor serán tratados los síntomas, mayor será la probabilidad de que no tengan que regresar al hospital y tendrán más posibilidades de comer más, dormir mejor, sentir menos dolor y sentirse mejor en general. También tendrán más probabilidades de vivir más tiempo. Todo esto está documentado. En esta sección, en el capítulo titulado Recursos, está

incluido un estudio sobre personas que viven más tiempo cuando están bajo los servicios de *hospice*. Esto es por la excelente atención que reciben.

Así que, lejos de ser deprimente, los servicios de *hospice* son de increíble beneficio, con un equipo de profesionales entusiastas que quieren ayudar, no solo a la persona que está muriendo, sino también a los demás miembros de la familia. Date cuenta de que son consultores, su rol es asesorar. También proveen excelente apoyo emocional, espiritual y práctico. Proveen equipos médicos duraderos y pagan por los medicamentos relacionados con la enfermedad terminal. Proporcionan cuidados de baño y aseo personal, además de un servicio de limpieza básica en el entorno de la persona moribunda. Proveen voluntarios para ayudar a la familia cuando les es posible.

Tú puedes tener control total sobre cuántas personas del equipo deseas en tu casa, pero debes ver al enfermero por lo menos una vez cada catorce días para mantener el servicio (en los Estados Unidos).

Si conoces a alguien que ha estado indeciso acerca de escoger los servicios de *hospice*, averigua la razón principal por la cual estuvieron renuentes. Puede que simplemente hayan estado mal informados. O su médico no cree en *hospice*, no reconoce la muerte cuando ve al paciente o cree que es algo a lo que se le debe referir cuando está en sus últimas semanas de vida. Considerando que *hospice* ha estado establecido durante cincuenta y seis años, me parece asombroso lo tarde que las personas son referidas a *hospice*, incluso hoy. No tiene que ser de esta manera. Como guía, tú puedes hacer que se tome conciencia sobre los beneficios de una admisión temprana a los servicios de *hospice*.

IV. Entrenamiento de doula del fin de vida: acreditación y certificación

En los Estados Unidos no existe un órgano rector, no hay una agencia reguladora, ningún consejo que autorice o certifique a ninguno de nosotros ni al entrenamiento que recibimos fuera del sistema médico actual. Nos llamamos a nosotros mismos como queremos, por ejemplo, doula de la muerte, doula del fin de vida, matrona de la muerte, matrona del fin de vida, guía de transición, entrenador de la muerte, *amicus*, matrona del alma, guía del alma, practicante del fin de vida, especialista del fin de vida y tantos otros.

Nosotros nos auto-regulamos, por lo tanto, damos un servicio excepcional, al cien por ciento cada vez. Yo les aconsejo a las personas con las que trabajo que desarrollen y mantengan relaciones en sus comunidades solo con personas excepcionales, tal como ellos mismos, que tengan una práctica impecable haciendo lo que sea que hacen. ¡Alinéate solo con los mejores! Sí, todos cometeremos errores y las personas en la cima se disculparán y lo corregirán. Lo arreglarán de la mejor forma que puedan. Aléjate de las personas que no se hacen responsables por sus errores y que culpan a otros por todo en su vida.

Cuando revises varios programas del fin de vida, ten en cuenta que cada programa es creado por la organización o por la persona que creó la organización. Esa es su idea, y si el programa tiene un certificado, es un certificado interno. No se ha logrado juntar un grupo de personas objetivas para decidir que cierto programa es el mejor o que se lo compare con algún estándar de la industria.

En este momento no estamos organizados bajo un único consejo o asociación. Muchas personas quieren esto y muchas otras no. Ninguna asociación u organización que representa a las doulas del fin de vida o doulas de estos días, es un esfuerzo en conjunto de varios entrenadores. La filosofía de aquellos de nosotros que no queremos un consejo acreditador es que no apoyamos la creación de una nueva instancia que obstaculice la relación de las personas con su muerte. Creemos que estamos empoderando a las personas a cuidar de sus propios moribundos y sus muertos.

Nosotros, los que estamos llamados a acompañar, estamos ayudando a conciliar este momento en el que la gente está buscando información sobre cuidar de sus propias familias nuevamente. Aquellos que sí quieren estar organizados de esta manera están pensando en la seguridad del consumidor, en su mayor parte, pero también está el tema de querer que el rol sea legitimado y profesionalizado.

Ingresa a *NEDA* (National End-of-Life Doula Alliance). Esta organización es la única (en los Estados Unidos) con membrecía para doulas del fin de vida que representa todos los programas de entrenamiento, no solo uno. *NEDA* es un movimiento brillante impulsado por entrenadores de doulas del fin de vida y simpatizantes que quisieron juntarse para unificar y empoderar el rol profesional de doula del fin de vida. Estoy orgullosa de ser un miembro fundador y la primera vicepresidenta de la organización, cargo para el que fui designada en febrero del 2018. A finales de ese año me hice a un lado para enfocarme en mis otras tareas de liderazgo. Fue un honor ayudar a crear estándares de práctica y competencias básicas de la profesión de doula del fin de vida. Hay mucho más trabajo por hacer, pero hemos establecido una base fundamental fantástica.

Así que ahora mismo puedes apoyarte en NEDA (en los Estados Unidos) para obtener orientación sobre tu práctica, y si decides realizar el entrenamiento de doula del fin de vida para asegurarte de servir a tu comunidad al máximo, explora y elije la capacitación que consideres es la adecuada para ti.

Tú decides lo que quieres aprender y lo que sientes que es apropiado para ti en este momento. Puede que quieras aprender sobre ceremonias, rituales y vigilias o sobre crear y sustentar una práctica, ¡o sobre todo lo anterior! Decide cuál programa resuena en tu corazón. Debes investigar el programa y decidir si deseas aprender del profesor a cargo del mismo.

Consumidor, ¡ten cuidado! Como en todo el resto de las cosas en la vida, es tu responsabilidad investigar lo que quieres y asegurarte de que concuerda con tus valores. Lee en esta sección el capítulo Guía del consumidor para entrenamientos del fin de vida.

V. Guía del consumidor para entrenamientos del fin de vida

Escribí esto hace un par de años y desde entonces no he visto nada igual en ningún otro lugar, así que te lo voy a presentar aquí. Esta guía del consumidor está escrita para personas que son nuevas en el entrenamiento del fin de vida, aquellos que no están involucrados profesionalmente en esta línea de trabajo.

Hay un aumento en el interés a nivel mundial de las personas que buscan entrenamientos para servir a los moribundos, ya sea como parte de su práctica actual o como una manera nueva de servir a sus comunidades. En consecuencia, también se ha observado un gran aumento en el número y el tipo de entrenamientos ofrecidos para satisfacer la demanda. Debes considerar muchas cosas al decidir cuál es el entrenamiento del fin de vida que prefieres. Existen muchos programas maravillosos. Debes ser claro sobre lo que estás buscando exactamente y lo más probable es que lo encuentres.

La mayor parte del tiempo te sentirás bien con cualquier persona con la que decidas trabajar, ya que la persona o el programa va a ajustarse a ti en el momento en que lo estés buscando. Me gustaría que estés consiente de algunas cosas mientras revisas la amplia gama de entrenamientos que se ofrecen en el mundo.

La siguiente información está en mi guía del consumidor en entrenamientos del fin de vida, con un enfoque especial en temas de "certificación" de doula del fin de vida.

Consideraciones generales

En el campo del fin de vida, a menos que trabajes en *hospice* o en un puesto especial del fin de vida dentro del sistema de un hospital u organización comunitaria (hay muy pocos roles), es difícil encontrar una forma de servir a los moribundos "junto a su cama", si sientes el llamado a hacerlo. En *hospice*, los puestos remunerados incluyen el de capellán, enfermero, trabajador social y asistente de enfermería certificado. También hay voluntarios. Y esos son todos.

Mientras el campo del fin de vida crece, otros roles dentro del sistema de salud establecido y otras organizaciones establecidas se van a desarrollar. Yo tengo fe de que las doulas del fin de vida se van a volver más populares y que la demanda va a crecer. Solo va a tomar tiempo.

Enfoque especial: Doula del fin de vida

Un tipo de doula del fin de vida está ganando fuerza ahora y se llama *doula del fin de vida*. Este movimiento ha estado sucediendo desde hace años y se está moviendo gradualmente hacia la corriente principal en los Estados Unidos, en el Reino Unido y ahora en Canadá.

Cuando yo inicié este trabajo en el 2005 en la práctica privada, había pocos programas disponibles. Estaban sobre todo en escuelas y organizaciones establecidas, como el Centro Shira Ruskay en Nueva York. La industria de los funerales en casa empezaba a despegar en ese entonces, y los programas independientes de guías de funerales en casa se empezaban a desarrollar dentro de ese movimiento. Empecé a conocer otras personas alrededor del mundo, uno a uno, a medida que nos encontrábamos, por lo general por medio de blogs.

En el 2010, diseñé el curso *"Acompañando a los moribundos: una guía práctica y entrenamiento de conciencia"*, en respuesta a las constantes solicitudes de personas de todo el mundo para compartir con ellas lo que yo estaba haciendo y cómo lo estaba haciendo. Es sorprendente la cantidad de programas de doula del fin de vida que hay ahora, tan solo unos años después. ¡Es maravilloso! Aunque hay algunas cosas que debes tener en cuenta al comparar programas.

No todos los que acompañan a los moribundos y a sus familias se hacen llamar doulas. Existen muchos nombres basados en el concepto de lo que la persona va a hacer. Es una preferencia altamente individual de la persona que practica. Algunos ejemplos son doula de la muerte, doula para los moribundos, matrona de la muerte, matrona para el alma, comadrona de almas, guía de transición, matrona de almas, coach de muerte, doula del fin de vida y muchos otros.

Pero la palabra *doula* en relación con la muerte está siendo ya reconocida ahora, mientras escribo esto. En muchos programas de *hospice*, la mayoría en el noreste de los Estados Unidos y California, y en algunos hospitales dispersos, se está creando este apoyo dentro de sus organizaciones. Yo les estoy asistiendo en el desarrollo de programas completos de doula del fin de vida en varios sitios, sistemas de *hospice* en múltiples estados, así como pequeños establecimientos.

Finalmente, esto está siendo reconocido y tiene muchas implicaciones maravillosas, pero, como en cualquier otra industria, hay también algunas cosas de las que debemos estar atentos. Una de ellas es la afirmación de que se necesita una cierta certificación para ejercer como doula del fin de vida o guía. Entiende que esto no es verdad. En este momento no hay ninguna agencia acreditadora de ningún nivel.

Punto de atención: Lista de verificación para un programa de doula / guía del fin de vida

Aquí me enfoco directamente en los programas de doula del fin de vida (fuera de programas de funerales en casa, pues los programas de funerales en casa establecen y enseñan un conjunto de habilidades específicas). En este momento, vemos más programas de entrenamiento para doulas del fin de vida que para guías, matronas o especialistas, pero estos están dentro de la misma clase de entrenamientos: el servir a otros al final de la vida. Porque las doulas del fin de vida pueden enfocarse en muchos servicios diferentes, quiero que tengas muy claro lo que buscas en el entrenamiento, para que así recibas exactamente lo que estás buscando.

También ten en cuenta que a veces las personas que nunca han servido de esta forma me han escrito sobre programas de doula del fin de vida que ellos estaban creando. A veces su programa sonaba encantador, sin embargo, ¿cómo puede una persona capacitarte para hacer algo y saber los problemas específicos implicados, cuando él o ella nunca lo han hecho personalmente?

Capacitarte para operar dentro de un sistema organizado en *hospice*, un hospital o un grupo comunitario es una cosa; capacitarte como doula del fin de vida personal en una práctica independiente es muy diferente. Hay excelentes programas para todo esto. Pero, ¿cuál es el que quieres? A mí me gustaría que tú, como consumidor, consideres lo siguiente cuando busques específicamente un programa de doula del fin de vida.

El programa

1. ¿Es un programa que te va a capacitar para ser voluntario dentro de una organización? ¿O es uno que te va a capacitar para trabajar independientemente?

2. ¿El programa te está capacitando en una habilidad específica o de una manera general?

3. ¿El programa afirma que debes completarlo para certificarte como doula del fin de vida? Ya que hay tantas formas de servir a los moribundos al final de la vida, la mayoría de las doulas experimentadas y matronas de la muerte que han trabajado en el movimiento están de acuerdo: *nosotros no queremos una agencia reguladora determinando quién está calificado*. El objetivo principal de lo que la mayoría de nosotros hacemos es el deseo de ofrecer cuidado a los

moribundos y compartir la sabiduría entre nosotros, no crear, encima de todo, otro nuevo rol profesional.

He estado en este movimiento desde el 2005, hablando en todas partes del mundo con quienes han sido pioneros en este camino, y hay *muy* pocas personas en la industria que están a favor de la acreditación o de una agencia que acredite lo que podemos o no podemos hacer, o lo que se debería o no se debería hacer. Somos demasiado individualistas. A veces nuestro único punto de unión son las personas a las que servimos.

Todos queremos que los consumidores tengan seguridad y que los entrenadores sean calificados y con conocimientos. Estamos frente al mismo problema que los instructores de yoga, doulas de nacimiento, aroma terapistas y otros practicantes han enfrentado en sus inicios.

4. El "certificado" que recibes de cada programa –cualquier programa– es solo un certificado interno, que significa que completaste ese programa en particular. Toma años desarrollar una buena reputación y demostrar que tu programa es sólido. Tanto antiguos como nuevos programas existen en todo el mundo. Los mejores nunca afirman que debes tener su programa para ser reconocido o ejercer.

El instructor / Los instructores

1. ¿La persona te está entrenando para ser doula del fin de vida independiente? ¿O te está entrenando para ser doula del fin de vida dentro de una organización o grupo comunitario?

2. Si él o ella te está entrenando para ser doula del fin de vida independiente, ¿es esa persona ya doula del fin de vida? ¿Alguna vez lo ha sido? ¿Por cuántos años ha servido?

3. ¿Cuánto tiempo ha tenido de experiencia el profesor en el cuidado de familias de manera independiente, no como parte de una agencia u organización?

4. ¿Está el creador del programa basándose en educación, capacitación y experiencia personal? Está bien crear un programa basado en una teoría por la que te has vuelto apasionado. Esto se hace todo el tiempo. Solo conoce de quién estás aprendiendo.

5. ¿Cuáles son los antecedentes de la persona que está enseñando? ¿Son esas las habilidades que quieres aprender?

6. ¿Es el profesor un educador experimentado?

Comparando programas de doula del fin de vida (de todo tipo)

La mayoría de los programas enseñan conceptos generales del fin de vida y cosas que tomar en cuenta cuando estás al servicio de los moribundos. Algunos programas se enfocan en una habilidad concreta o en un intervalo de tiempo en el proceso, por ejemplo, vigilias, cuidado en la muerte, cuidados después de la muerte, funerales en casa, etc. Tu primera pregunta debería ser: ¿estoy buscando una visión general o una habilidad o concepto específico?

Por lo general estos programas son impartidos por alguien o un grupo de personas que tienen una capacitación invaluable en el fin de la vida, como un médico, un enfermero, un capellán, un trabajador social, un educador de la muerte o una doula del fin de vida o matrona. Ellos pueden darte información invaluable sobre cómo servir a los moribundos desde su propia perspectiva.

Ellos deberían saber los problemas relacionados, ser expertos en la materia y tener la pasión y la vocación de servir. Revisa los antecedentes del programa y averigua dónde adquirieron los docentes la mayoría de su experiencia. Si ellos te están entrenando, eso es lo que vas a aprender: lo que ellos saben dentro de su sistema de referencia.

A continuación están las diferentes opciones de materiales de capacitación, junto con la descripción de lo que los hace únicos.

Cursos por correspondencia / Cursos en línea / Teleseminarios

Este tipo de cursos varían entre entrenamientos a tu propio ritmo y clases impartidas en grupo por un instructor. La cantidad de retroalimentación que recibes depende de tu instructor, así que revisa cuidadosamente su participación. La mayoría de estos son entrenamientos que van a tu propio ritmo y que no requieren interacción con el instructor. Puedes descargar videos o materiales educativos y trabajar con ellos a tu gusto.

Seminarios

Por lo general, los seminarios tienen una duración de entre uno o dos días, o hasta una semana, cuando son en grupo. Generalmente usan un estilo tipo conferencia y ofrecen sesiones de exploración divididas en grupos pequeños.

Cursos escolares

Estos se dan generalmente a nivel de universidad o una escuela conocida específicamente por su educación en la muerte. Las clases son más formales y estructuradas, y por lo general suponen un periodo de tiempo obligado o clases intensivas durante los fines de semana, además de tener un material aprendido en una configuración de aula o en línea.

Orientación uno a uno

Vas a trabajar con el instructor personalmente, desarrollando tu entendimiento e integración del material y de cómo quieres usarlo, mientras aprendes.

Mezcla de entrenamiento por correspondencia / en línea y en grupo

Algunos programas requieren un compromiso intenso de tiempo y participación e incluyen un extenso componente de experiencia grupal. Asegúrate de estar dispuesto a encontrar el tiempo que vas a necesitar.

Consejos y advertencias

1. No todos los programas son creados de igual manera. Decide lo que es más importante para ti. ¿Estás solamente buscando información? ¿Estás buscando una habilidad nueva específica? ¿Quieres más de alguna filosofía? ¿Quieres crear una práctica? ¿Quieres complementar tu aprendizaje con algún programa de voluntariado en el que puedas practicar?

2. ¿De quién quieres aprender?: ¿un médico?, ¿una persona espiritual o religiosa?, ¿una doula del fin de vida?, ¿un enfermero registrado?, ¿un educador de la muerte?, ¿alguien que maneja una escuela?

3. ¿Cuál es tu estilo de aprendizaje? ¿Quieres leer y escribir composiciones? ¿Quieres auto explorar? ¿Quieres solamente los hechos? ¿Quieres tener orientaciones a lo largo del tiempo? ¿Quieres entrenamiento de formación práctica? ¿Quieres estar con un grupo?

4. Ten cuidado con cualquier programa que te diga que necesitas ese programa para poder ejercer como un "lo que sea" del fin de vida. Cuando compras el programa de ese entrenador, no eres reconocido por ninguna

entidad de acreditación o licencias. Una licencia de doula del fin de vida no es necesaria para ejercer.

¿Qué programa debería escoger?

Cuando las personas me contactan para entrenamientos, yo les pido que hagan lo siguiente:

Separa un poco de tiempo, por lo menos una hora. Concéntrate en un nivel espiritual. Escribe a mano en un papel, con un bolígrafo, de qué forma quieres servir a los moribundos. Si tuvieras todo el dinero, tiempo y energía del mundo, ¿cómo te gustaría hacerlo? Ahí está tu visión. Ahora encuentra tu entrenamiento que haga que eso suceda.

Escribe también sobre lo siguiente:

1. ¿Quiero recibir información solo con el propósito de recibirla?
2. ¿Quiero un sistema a mi propio ritmo, sin interacción con un instructor?
3. ¿Quiero ser parte de un grupo?
4. ¿Quiero seguir una voz en particular? ¿Un punto de vista religioso, una enseñanza espiritual, un enfoque profesional, un ambiente de universidad?
5. ¿Tengo en mente el objetivo de crear una práctica privada?
6. ¿Quiero orientaciones uno a uno?
7. ¿Disfruto de grupos intensivos de uno o dos días?
8. ¿Quiero un entrenamiento con formación práctica? ¿O de aprendizaje cara a cara?
9. ¿Son suficientes para mí las llamadas por teléfono o Skype? ¿Necesito tener video llamadas?
10. ¿Disfrutaría de orientaciones en grupos pequeños?

Otros consejos

Una vez que hayas respondido las preguntas anteriores, será más fácil comparar programas ya que te enfocarás exactamente en cómo quieres aprender la información. Mientras revisas las páginas web, fíjate en las que más te atraigan. Sí, es mercadeo, pero la persona que creó esa página tuvo algo que decir o creó todo personalmente. A pesar de que el empaquetado no es en lo que te vas a concentrar (puede que la persona no sea buena en eso), vas a percibir la energía de esa persona y lo que para él o ella es importante transmitir.

¿Cómo se siente tu corazón al hablar con el profesor?, ¿excelente?, ¿escéptico?, ¿evasivo?, ¿seguro?, ¿quieres explorar más?, ¿o tienes una sensación molesta de que este programa no es el adecuado para ti? ¡Escucha tu voz interior!

Habla con por lo menos tres instructores o limita la búsqueda a tres cursos. Medita sobre ello. Por lo general tienes una idea de qué hacer después de esto.

Finalmente, si tuvieras todo el dinero del mundo y pudieras tomar cualquiera de esos tres cursos, ¿cuál escogerías? Toma ese. Generalmente encontramos el dinero para hacer exactamente lo que queremos. Ésta no es la excepción.

¡Haz que el proceso sea divertido! Estás invirtiendo mucho tiempo y energía en ir tras tu sueño. Debería ser un honor y una alegría hacerlo. ¡Buena suerte!

VI. Dirigiendo a tu comunidad

No tienes que ser una doula practicante para ser un líder en tu comunidad y facilitar una mayor conciencia. Para ser un defensor del movimiento, tienes que crear espacios para reuniones y lugares para compartir de manera segura. El *Death Café* es una plataforma para eso. Puedes descargar el kit para organizar un *Death Café*, si no hay ninguno en tu área, y así iniciar una conversación dentro de tu comunidad.

Puede ser que desees comenzar tu propio club de lectura, club de películas o proyectos de arte. Hay tantas maneras de reunir a aquéllos que están interesados en empoderarse en la planificación de su propia muerte y en llevar conciencia y elección a sus seres queridos.

Piensa en lo que amas hacer, tu propio horario, tus propias necesidades y haz espacio en tu agenda sin necesidad de presionarte. Crea una sesión de dos horas de manera que permita a las personas explorar su propio corazón. Entonces ¡dedícate a disfrutar el proceso! Comparte lo que estás haciendo con otros alrededor de tu ciudad, estado o país.

Establece contactos y colabora con otros líderes de la muerte en tu comunidad. Averigua qué se está haciendo y dónde puedes ser de ayuda con lo que ya está establecido. Muchas manos hacen que el trabajo sea más ligero. Tenemos mucho que hacer, pero no tenemos que hacerlo solos o reinventar la rueda. ¡Conéctate! No existe tal cosa como la competencia en esto. ¡La colaboración es la clave!

Un ejemplo de esto es lo que otras dos entrenadoras de doulas del fin de vida y yo hicimos. Patty Burgess-Brecht les pidió a varios capacitadores juntarse para un evento. Los que dijeron que sí fuimos Suzanne O`Brien y yo. Luego de un poco de diálogo, decidimos que lo que era más necesario en ese momento era enfocarnos en las doulas dentro del sistema médico. Todas teníamos una amplia experiencia en atención médica y en *hospice* desde una variedad de perspectivas y teníamos mucho que contribuir juntas. A finales del 2017 se creó *Professional Doula International*, y nuestra presentación del entrenamiento inaugural fue en septiembre del 2018, en la ciudad de Nueva York.

Este entrenamiento especializado en doulas del fin de vida no es un entrenamiento básico. Este entrenamiento es para quien ya tiene esas bases. Creamos este entrenamiento completo y complementario para doulas del fin de vida y otros profesionales quienes quieren ser defensores de las personas en el sistema médico, pues creemos que las doulas del fin de vida son la respuesta a la crisis venidera de los próximos veinticinco años.

Nuestro entrenamiento se llama Certificación Profesional Nacional de Doula del Fin de Vida (*National Professional End-of-Life Doula Certification, NPEC*). Creemos que el NPEC será el entrenamiento que las doulas del fin de vida y las entidades del sistema médico valorarán y en el que confiarán para saber que van a obtener un conocimiento óptimo para trabajar junto a los equipos de atención médica y para entender las dinámicas y las metas de cada sistema.

VII. Voluntades anticipadas

Tienes que hacer tus voluntades anticipadas primero, antes de que salgas y les enseñes a otros cómo hacerlas. Asegúrate de haber hecho las tuyas y de que por lo menos dos personas sepan dónde están. En Texas deberías tener los siguientes seis formularios completos:

1. *Poder legal médico.* Este formulario designa quién hablará por ti en el evento de que no puedas hablar por ti mismo mientras estás vivo.

2. *Instrucciones para los médicos.* Este formulario indica a los médicos, a tu equipo de atención médica y a tu familia qué tratamientos deseas bajo ciertas circunstancias. Puedes mencionar tanto lo que quieres como lo que no quieres.

3. *Poder legal duradero.* Este formulario designa quién hablará por ti para manejar tus asuntos financieros y legales en caso de que no puedas hacerlo por ti mismo mientras todavía estás vivo.

4. *Autorización de disposición del cuerpo.* Llena este formulario para asegurarte de que serás cremado.

5. *Nombramiento de agente para la disposición de los restos.* Este formulario designa a la persona que se asegurará de que se cumplan tus deseos en relación a tu cuerpo después de tu muerte.

6. *No resucitar extra-hospitalario.* Este es el formulario que debes tener para garantizar que no recibirás RCP fuera del entorno hospitalario. Si te encuentran muerto afuera del entorno hospitalario y alguien llama al 911 por pánico, debes tener este formulario para mostrarlo. De otra forma, el personal de emergencia está obligado a realizar RCP.

Averigua qué formularios son necesarios para manejar tus asuntos en el lugar o zona del mundo donde te encuentres. En los Estados Unidos, para ver qué formularios específicos necesitas en tu estado, consulta, para empezar, con *Caring Connections* (un programa de la Organización Nacional de *Hospice* & Cuidados Paliativos), con *Funeral Consumer Alliance* (La Alianza de Funerales para el Consumidor), y con *The Conversation Project* (El Proyecto de Conversación). Los formularios listados anteriormente deberían funcionar en todos los estados en Estados Unidos, pero asegúrate de tener los que corresponden al lugar del mundo donde vives.

Ten tu testamento en orden y un apoderado para manejar tus asuntos después de tu muerte. El poder legal duradero indica cómo deben manejarse tus asuntos si tú no puedes hacerlo mientras estás vivo, y tu apoderado los manejará después de tu muerte. Debes designar una persona para cada rol. Puedes tener a la misma persona para cada uno de ellos.

VIII. Lista de tareas del fin de vida

Anteriormente en el libro, me referí a la lista de tareas del fin de vida que yo creé. Se han escrito volúmenes muy elocuentes sobre lo que está pasando en cada nivel con nosotros a medida que morimos. Lo que yo hice aquí es simplemente un listado de tareas para que tú puedas crear tu propio sistema y ayudar a una persona a marcar cada tarea. No tengas miedo de preguntar, la mayoría de personas lo están haciendo en su cabeza, créeme. Puede que no lo llamen lista de tareas del fin de vida, pero está en la mente de la mayoría de las personas moribundas, si están conscientes y atentas.

Esta lista no tiene ningún orden en particular:

1. ¿Quién los va a cuidar? ¿Dónde morirán?
2. ¿Quién va a cuidar de sus animales?
3. ¿Quién se va a quedar con sus posesiones más valiosas?
4. Quieren procesar cómo se sienten sin tomar en consideración cómo se sienten otros.
5. Quieren que dejes de tratar de hacerlos sentir mejor y que más bien solo escuches, sin intentar arreglar las cosas.
6. Quieren llorar sus pérdidas.
7. Están preocupados por las personas más importantes en su vida y quieren saber que van a estar bien.
8. Quieren ser perdonados.
9. Quieren perdonar.
10. Quieren ser reconocidos.
11. Quieren hacer algunos viajes finales, visitas, eventos, cosas en su lista de deseos finales, etc.

12. Quieren que la gente sepa cómo se sienten realmente (a veces por primera vez).

Y otras cosas importantes en su mente:

➤ A veces quieren que los dejen solos.
➤ A veces quieren morir antes de tiempo y se enojan cuando no mueren lo suficientemente rápido.
➤ Quieren haber hecho una diferencia.
➤ A veces no quieren referirse a su muerte en absoluto. Es todo lo que pueden hacer para enfrentarla, sin palabras que la cristalicen. Discutir sobre su muerte puede ser demasiado para ellos. No asumas que no están teniendo una clausura o que su muerte no es una "buena muerte".
No sabemos lo que hay en el corazón de una persona. Lo que podemos hacer para ayudar en una "buena muerte" es no añadir drama, sino más bien amarnos a nosotros mismos, a la persona moribunda y a la gente en nuestro círculo. En caso de duda, sigue el camino más ético, siempre puedes pedir disculpas más tarde por no reaccionar o por no hacer el ridículo al tratar de forzar soluciones y resultados.

IX. Listas de verificación para vigilias previas y posteriores a la muerte

Hace tiempo creé estos dos planes de vigilias, el "Plan de vigilia previo a la muerte" y el "Plan de vigilia en la muerte y posterior a la muerte" para una de las sesiones educativas dirigidas de uno de mis estudiantes. Es un formato sugerido para recopilar la información necesaria para crear la experiencia de muerte que quieres tener. Los detalles amorosos que proporciones aquí para que tus seres queridos los lleven a cabo no solo te darán la experiencia que quieres, sino que también les ayudarán en su duelo, sabiendo que han hecho todo lo que estuvo en su poder para llevarlos a cabo y honrar tus deseos.

Puedes utilizar estos formatos para tu uso personal. Si quieres utilizarlos de manera profesional, por favor, escríbenos para entregarte el folleto de marca, y nosotros te lo enviaremos. Escríbenos a danielle.cochran@qualityoflifecare.com.

Por favor responde lo siguiente teniendo en mente los días inmediatamente anteriores a tu muerte.

Plan de vigilia previo a la muerte

La habitación donde estarás recostado:
1. ¿En qué habitación deseas estar?
2. ¿Cómo quieres que sea la iluminación? ¿Deseas quitar las cortinas? ¿Deseas las ventanas abiertas? ¿Cuál es tu preferencia si el clima lo permite?
3. ¿Deseas que todo el que desee verte pueda entrar? ¿Que comparta tiempo contigo y te quiera?
4. ¿Estás claro en que solo quieres ver a personas específicas? ¿Quiénes son?

5. ¿En qué circunstancias estaría bien que entre a la habitación alguien más que no sea alguien de tu lista?

6. ¿Hay alguien que no quieres que esté presente en ningún momento?

7. ¿Deseas que esté una o dos personas a la vez o no te incomoda si hay un grupo de personas?

8. ¿Deseas que esta habitación esté silenciosa?

9. ¿Deseas que las personas puedan hablar y compartir historias contigo en la habitación o deseas que éste sea un espacio netamente contemplativo?

10. ¿Deseas que haya música tocando cerca de ti? ¿Qué tipo de música? ¿Quieres escucharla día y noche, solo durante el día, o solo en la noche?

11. ¿Tienes una lista de canciones que desearías escuchar mientras estás muriendo estos últimos días?

12. ¿Deseas un difusor con aromaterapia? ¿Deseas que sea puesta de alguna otra manera?

13. ¿Deseas olores fuertes lejos de ti? ¿Cuál sería la excepción?

14. ¿Deseas velas?

15. ¿Te importa si las velas son reales o falsas (operadas con baterías), con o sin esencia? Por favor, indica tus preferencias.

16. ¿Deseas estar en tus pijamas o prefieres una camiseta o blusa? ¿Qué deseas que sea visible en la parte superior de tu cuerpo mientras la gente entra y sale de la habitación?

17. Mientras estás muriendo e inconsciente, ¿qué deseas que suceda? Da algunas sugerencias. ¿Qué *no* quieres que suceda?

En el resto de la casa:

1. ¿Deseas que el resto de la casa se mantenga en un estado contemplativo o está bien si hay risas y cosas por el estilo?

2. ¿Deseas que la televisión esté prendida? ¿Música? ¿Deseas dejar esto en manos de quien esté ahí?

En relación a tu cuidador(a):

1. ¿Quién deseas que te cuide en tus últimos días?
2. ¿Deseas que haya alguien todo el tiempo o prefieres que alguien vaya en intervalos a revisar cómo estás?
3. ¿Deseas los servicios de *hospice* para que te apoyen a ti y a tus seres queridos?
4. ¿Cómo desearías que tu cuidador reciba apoyo mientras te cuidan? ¿Qué sería importante para ti que tu cuidador tenga a su disposición?
5. ¿Qué palabras te gustaría que ellos supieran si pudieras decírselas durante estos días? ¿Qué palabras les puedes ofrecer para que se aferren a ellas mientras cuidan de ti? ¿Qué quieres para ellos?

La hora final:

1. Si se prevé que estás en tus momentos finales, ¿está bien que todos los que están presentes estén ahí? ¿Solo quieres a ciertas personas?
2. ¿Qué apoyo deseas en tus últimos momentos?
3. Una vez que has muerto, ¿hay algo que quieres que te hagan o que hagan para ti en los momentos posteriores o durante la primera hora de tu muerte?
4. ¿Deseas una pequeña reunión o un funeral grande?

Reflexiones adicionales:

Por favor escribe abajo cualquier reflexión adicional que sea útil para tus seres queridos.

Plan de vigilia en la muerte y posteriores a la muerte

En el periodo de muerte inminente y en las horas y días después de que suceda, ¿qué preferirías que pasara? Crea tu plan.

Muerte inminente:

1. ¿A quién deseas al lado de tu cama mientras estás inminentemente muriendo?

2. ¿Tienes preferencias de cómo sería el entorno junto a tu cama mientras estás aproximándote a la muerte o deseas lo que sea cómodo para tus seres queridos que están cuidando de ti?

3. ¿Cuál es tu preferencia para el entorno junto a tu cama? ¿Qué deseas? ¿Deseas luz de velas o música?

4. Junto a tu cama, ¿deseas que todos los que estén presentes estén ahí o deseas que solo haya dos o tres personas a la vez?

5. ¿Deseas que las personas mediten o recen por ti en ese momento? ¿En voz alta? ¿En silencio?

6. ¿Deseas que te lean plegarias o palabras de esperanza? ¿Qué deseas que se te lea en voz alta? Si lo deseas.

7. ¿Deseas que las personas canten?

La muerte:

1. En los momentos siguientes a tu muerte, ¿deseas que se realicen prácticas religiosas o espirituales?

2. ¿Deseas que se lea algo?

3. ¿Deseas que te limpien el cuerpo, que te unten alguna crema o aceite, que te pongan cierto tipo de ropa?

4. ¿Deseas que se realice alguna clase de ritual?

5. ¿Está bien si en el área alrededor de tu cuerpo se colocan detalles como flores o recuerdos de otros?

6. ¿Deseas que te dejen solo? ¿Por cuánto tiempo?

En las horas y días siguientes a la muerte:

1. ¿Deseas una vigilia pública por cierto tiempo?

2. ¿Por cuánto tiempo deseas que tu cuerpo permanezca en casa? (Si no estás en casa, el lugar donde estés va a tener un tiempo establecido para esto).

3. ¿Quién deseas que transporte tu cuerpo a la funeraria, crematorio o cementerio? (Si aplica).

4. ¿Deseas ser enterrado en un cementerio tradicional o deseas ser enterrado en un cementerio amigable con el medio ambiente, conocido como "cementerio verde"? Un cementerio verde se asegura de que todos los procesos y productos usados en el entierro sean amigables con el medio ambiente.

5. ¿Deseas una ceremonia para honrar tu vida? ¿Quién deseas que oficie la ceremonia?

6. ¿Qué deseas que suceda en la ceremonia?

7. ¿Deseas registrar tus pensamientos por escrito o en video para las personas en la ceremonia o para ciertos seres queridos?

8. ¿Has preparado una voluntad ética o algún tipo de legado por escrito que documente tus valores y lo que esperas de la gente que amas para que sea leído durante la ceremonia?

9. ¿Has considerado un funeral en casa? Si es así, se deben hacer arreglos para mantener el cuerpo frío.

X. Accidentes, muertes violentas y suicidios

En mi comunidad de orientación del fin de vida, mucha gente que desea apoyar a personas muriendo por accidentes, muertes violentas o suicidio viene a cursar nuestro programa. Si la persona no muere al instante, por lo general no se llama a *hospice* por estas muertes y a veces la necesidad de apoyo va más allá de lo que los capellanes de hospitales y el cuerpo de voluntarios de un hospital pueden manejar.

Si estás interesado en brindar apoyo en vigilias de personas muriendo en circunstancias trágicas, ponte en contacto con el Servicio de Victimas en el Departamento de Policía de tu área. Además, haz una cita con el capellán del hospital y averigua qué tipo de apoyo necesitan ellos y qué tipo de entrenamiento debes tener para ayudar. Estos son lugares excelentes para empezar. Pregunta qué proceso necesitas seguir para estar disponible para las personas y sus familias en este momento.

Si estás interesado en ayudar a las familias que quedaron atrás, asegúrate de recibir el mejor entrenamiento y aprender las habilidades necesarias para acompañar a la gente a través de estos eventos. Te vas a enfocar en acompañar a personas en duelo como acompañante, a menos que hayas sido capacitado como terapeuta, capellán, trabajador social o como profesional de la salud o sanador.

Hay un lugar para el terapeuta profesional y el trabajador social, por supuesto, y también hay un lugar para el amigo en duelo, un compañero para la persona que se siente inestable por la muerte impactante de su ser querido. En nuestro programa nos referimos a este rol como acompañante de duelo. No subestimes el valor de este rol solo porque no es un rol con licencia. Tu rol como acompañante de duelo es el de escuchar, acompañar y amar a la persona mientras se estabiliza.

XI. Lo sagrado: ceremonias y rituales

Todos los días, lo que más escucho de las personas que me llaman es su deseo de acompañar a una persona y a su familia como ellos lo desean, rodeados de amor, belleza y de interacciones y prácticas que tengan sentido. Quieren relacionarse con una persona y con su familia como esa persona lo desea, sin una agenda propia.

Ellos también quieren ayudar a mantener la energía sagrada y el espacio de esta gran transición para la familia y nutrirla. A veces la gente quiere que organicemos ceremonias o rituales porque realmente no saben cómo crear una ceremonia por su cuenta. Puede que se les pase por alto lo poderoso y significativo de sus propios rituales y ceremonias. Una ceremonia puede ser para algunos algo bastante elaborado o tan simple como una presencia compasiva, energía amorosa, silencio y tal vez algunos aromas o elementos de la naturaleza llevados a la habitación.

Lo que es sagrado para cada familia es único, y nuestro rol con ellos es el de tener curiosidad sobre lo que es significativo para ellos. No nos corresponde a nosotros sacar nuestras propias ideas especiales y asumir que ellos las van a querer. Es hermoso que tengamos nuestros propios libros de poemas y canciones y nuestros bolsos con velas, aceites, paños y demás. Solo necesitamos recordar que somos sus sirvientes y que no hay nada más personal que un ritual o ceremonia mientras alguien que amas está muriendo.

Muchos libros y artículos hermosos se han escrito sobre la creación de ceremonias. Yo ofrezco algunos consejos muy simples pero poderosos para empezar, en caso de que no estés familiarizado con esto o aún no te sientas cómodo:

1. Recuerda que estás en medio de una práctica junto con la familia. No vas a estar creando algo de la nada, sino que les vas a preguntar a ellos lo que es

importante para ellos y para la persona que está muriendo. Vas a tener una conversación y las ideas van a fluir. Una cosa llevará a la otra. Ten fe en eso.

2. Las herramientas para una ceremonia son simples: velas, paños, plegarias, canciones, aceites, hojas o ramitas de salvia, flores, incienso, materiales de arte, cantos, baile y música. ¡Tú escoges! Cuando dejas de "actuar" y te sumerges en la energía de la familia con la que estás, vas a ser capaz de escuchar lo que ellos dicen y quieren.

3. Haz sugerencias y actúa dependiendo de sus "sí". Es suficiente. La creación viene del aporte y de la presencia de todos. Recuerda, esto no se trata de ti, tú eres simplemente el facilitador.

4. Ten una fórmula básica a la que te acostumbres. Por ejemplo, inicia con un momento de silencio, luego con una invocación o plegaria, luego con unas palabras o plegarias ofrecidas por alguien de la familia, y luego tal vez con alguien diciendo algo específico que tú hayas pedido, o trayendo un objeto a un altar o algo similar, seguido de música y una plegaria de cierre. Puedes tener una estructura simple a través de la cual tejes alternativas innumerables y hermosas. Puede que necesites tu estructura solo unas cuantas veces y luego te sentirás cómodo sin ella.

5. Para una ceremonia más formal, sería mejor estar capacitado en realizar ceremonias. No vayas a ir más allá de tu nivel de habilidad cuando una familia te pida servirles de esta manera. Diles la verdad sobre tu nivel y experiencia y mira si ellos están dispuestos a explorar contigo.

6. Entiende que mientras más rituales y ceremonias hagas con la familia, mayor posibilidad de sanación puede haber, y esto ayudará a facilitar el proceso del duelo.

XII. Apoyo en el duelo

Todo este libro es una guía. Una guía no solo en asistir a otros al final de la vida, sino también en asistirlos durante la pérdida o el duelo. Sabemos que planear nuestra muerte, sentirnos empoderados en nuestras elecciones y crear la experiencia que deseamos nos ayudará en nuestra pérdida y en nuestro duelo.

Planear con anticipación es parte del apoyo en el duelo. Ayudar a nuestros seres queridos a tener la experiencia de muerte que desean y ser parte de todo ese proceso ayuda a entrelazar la fortaleza, el amor y el poder de elección. Esto nos ayuda a avanzar después de que nuestro ser querido muere.

Muchas personas no buscarán nunca "servicios de apoyo por una pérdida". Lo enfrentarán por su propia cuenta o con el apoyo de su familia y amigos. Para las personas que sí desean apoyo adicional, hay muchos grupos de ayuda en línea, y muchos *hospice* incluyen también excelentes servicios de apoyo por una situación de pérdida.

Una nueva plataforma llamada *"Dinner Party"* (Cena Grupal) es un apoyo en el manejo de pérdidas para gente joven. En vez de acudir a un grupo y hablar, tienen una serie de cenas en grupo o festines donde hablan de sus experiencias con más naturalidad que en un grupo formal en un centro o en el consultorio de un terapeuta.

Muchas personas con las que trabajo en mi programa están incorporando visitas de duelo en sus prácticas. Están creando un servicio que tiene continuidad desde los momentos previos a la muerte hasta varios momentos después de ésta.

Integrar la muerte de un ser querido a nuestra nueva vida sin ellos lleva tiempo. Necesitamos elegir hacerlo activamente. No es anormal extrañar a alguien que amamos durante años después de su muerte. Nunca somos los mismos después de que alguien que amamos muere, cambiamos para siempre. El amor nos hace eso.

Aprende lo que puedas acerca del duelo de las personas que no tienen miedo a llamarlo como lo que es. Lee las opiniones al respecto de Stephen Jenkinson y Terri Daniel. Visita la página web de Zenith Virago y mira lo que ella está haciendo en Australia para honrar el dolor y celebrar la vida. Lee sobre los funerales en casa y cómo estos ayudan en el proceso de duelo. Estoy mencionando aquí solo algunos recursos de los que puedes no haber escuchado hablar y que definitivamente van a darle un empuje a tu conciencia actual.

XIII. Recursos

Cada recurso que he mencionado en este libro está enumerado aquí en orden alfabético. Sé que las URL de estas páginas cambian con el tiempo, así que estoy listando solo el nombre de la organización, informe o iniciativa. Por favor, escribe el nombre en el buscador de tu preferencia en caso de que desees investigarlos con mayor profundidad. (Nota: Esta lista está en inglés, para países de habla inglesa).

- CareFlash
- Caring Connections
- Center to Advance Palliative Care
- "Comparing Hospice and Nonhospice Patient Survival Among Patients Who Die Within a Three-Year Window", en *Journal of Pain and Symptom Management*
- Compassion and Choices
- Death Café
- Death Over Dinner
- Die Wise, by Stephen Jenkinson
- Doorway Into Light
- Dinner Party
- End-of-Life Doula Advisory Council (within the NHPCO)
- End-of-life Practitioners Collective
- Funeral Consumer Alliance
- Get Palliative Care
- *Journey with Deanna* (blog and podcast)
- National End-of-Life Doula Alliance
- National Home Funeral Alliance
- National Hospice and Palliative Care Organization

- ➢ National Professional End of Life Doula Certification (NPEC)
- ➢ Professional Doula International
- ➢ School of Accompanying the Dying
- ➢ Quality of Life Care
- ➢ Terri Daniel
- ➢ The Conversation Project
- ➢ World Health Organization
- ➢ Zenith Virago

Reconocimientos

Me gustaría agradecer a cada una de las personas a las que he ayudado a morir y a todas las personas a quien he servido a través de este proceso. Ustedes me enseñaron todo lo que sé, y me siento honrada de haberles servido.

Mis hijas, Danielle y Lauren, me dan más alegría de la que puedo explicar. Danielle ha hecho posible mi trabajo en este movimiento en todos los niveles, y todos esperamos que consiga todo lo que pueda desear en esta vida. ¡Gracias! El apoyo de mi hermano y mi hermana y sus familias ha significado todo para mí a lo largo de este viaje, y el consejo de mi padre de "haz lo que amas" me llena cuando me deprimo. Soy una mujer afortunada por tener tantas amistades leales y enriquecedoras y tantas personas en mi círculo que son fuertes, cariñosas y que siguen sus corazones.

Atesoro el amor y el apoyo de mi pareja Mary Hilburn por haberme involucrado en este campo y por todas las risas. Agradezco a mi amiga Cathy Chapaty por darle una revisión a este libro durante su primera edición. ¡Tu retroalimentación fue invaluable! Mi más profundo agradecimiento a Melissa Tullos por darme el regalo de su experiencia al editar este manuscrito para mí de una manera especial. Le pedí tener una mirada muy específica y ella lo logró de manera brillante. Gracias a Stan Wilson, mi gran amigo, por revisar este libro. Tu amistad y apoyo a lo largo de los años en mi trabajo significan todo para mí, tú has estado conmigo desde el comienzo.

Mary Burgess, gracias por ser mi fuerza y clave de conexión a tierra durante la muerte rápida e impactante de mi madre. El hecho de que hayas sido mi primera mentora cuando yo era una enfermera de *hospice* recién llegada en el año 2000 lo hace aún más especial. La muerte y el morir de mi madre son la raíz de mi trabajo hoy en día, y tú me sostuviste durante ese tiempo. Tú fuiste mi doula.

Honro a mis sanadores y maestros en este viaje. Mi propio compromiso de cuidado hacia mí misma y de sanación de mente/cuerpo/espíritu me ha acercado a personas increíbles, que han compartido su sabiduría y dones poderosos conmigo a través de los años. Gracias desde el fondo de mi corazón. Me sorprende cómo, en nuestro afán de ser todo lo que podemos ser para los demás, nos descuidamos a nosotros mismos en el proceso, y no nos damos cuenta. Mis ojos se han abierto y aplico este aprendizaje en mi propia vida. Agradezco al doctor Martin y a mi equipo de medicina alternativa por su cuidado compasivo y por no tirar la toalla conmigo.

Honro a las personas a lo largo de mi vida, a quienes son nuevos para mí y a los viejos, y también a quienes han salido de mi vida por diferentes razones. Mi corazón nunca los olvidará. Tú y yo compartimos amor, y yo soy mejor porque te conocí y te amé.

Agradezco y honro a todos mis colegas trabajadores de la muerte a lo largo de los años, pues hemos discutido ideas y hemos caminado juntos mientras descubrimos nuestro camino. Son demasiadas personas como para nombrarlas aquí, y por eso estoy extremadamente agradecida.

Quiero reconocer al Gran Espíritu, Dios, el Femenino Divino, Uno-Que-No-Puede-Ser-Nombrado, El Innombrable, Aquel-que-tiene-1000-nombres y que, aun así, es tan difícil para nosotros definirlo. Soy bendecida porque sé que no me fortalece mi mejor pensamiento, sino porque me apoyo en mi fuente espiritual.

Agradezco a Dios por el mundo espiritual y porque es mi alimento perfecto. Estoy siendo inmensamente nutrida por él y por los dones de esta tierra, las estrellas y el universo infinito. Estoy agradecida por el amor del Padre, de la Madre, las Abuelas y los Abuelos. Estoy agradecida por Jesús, mi influencia más santa. Estoy agradecida de no sentirme limitada por mis propias creencias o las de otros. Estoy tan agradecida de estar finalmente fuera de mi jaula.

Me encontrarás escuchando los susurros en el viento, poniendo mi barriga en la tierra, escuchando con mi corazón, clamando desde mi corazón a Dios, tomando el maná de los cielos. Estoy tan agradecida de que mi camino espiritual me haya traído donde estoy ahora. Cada paso que he tomado para llegar aquí ha valido la pena.

Estoy profundamente agradecida con cada uno de mis colegas que avaló este libro. Fue desde mi gran respeto por su trabajo que les hice esa petición, y significa todo para mí que los haya conocido lo suficiente como para pedírselos.

A Sharon Lund, no tenía idea, aquel día que estuvimos en la playa en Maui, que tú eras editora. Solo supe que había encontrado una nueva amiga. Gracias por publicar mi libro con *Sacred Life Publishers*. A Lynette Smith, tú editaste mis palabras y las convertiste en armonía. Wendy Jo Dymond, gracias por la segunda edición y edición final de mi libro. A Miko Radcliffe, artista de diseño gráfico, tú tomaste mi visión para la portada y la convertiste en una obra maestra. La hermosa fotografía de Danielle en la portada y mi foto son la bellísima cereza del pastel.

A ti, reverendo Bodhi Be, llegué a ti para aprender y, en el proceso, encontré un hermano y un amigo. Tu cariño significa todo para mí.

La traducción al español no hubiera sido posible sin la dedicación y gran trabajo de Sofía Plonsky, antigua estudiante de QLC, colega y pionera en el Ecuador del programa de ayuda a personas que enfrentan una enfermedad avanzada y el final de su vida. Estoy profundamente agradecida también con Wilka Roig por su apoyo con esta traducción, ella está completamente comprometida en ayudar a los moribundos en México. No hubiera podido hacer esto sin ellas dos.

Y muchas gracias Xavier por hacer la primera edición de este proyecto y ayudar a llevarlo a América Latina. Y tú, Mariana Allen, me saqué la lotería cuando te encontré. Muchas gracias por poner tu corazón y tu alma en esta edición final que ayudará a tanta gente. Sé que investigaste y tomaste el tiempo necesario para considerar las diversas percepciones de personas alrededor de México, Centroamérica y Sudamérica. Te estoy eternamente agradecida.

Acerca de la autora

Deanna Flores Cochran, RN

Deanna Flores Cochran es enfermera registrada, educadora del fin de vida, mentora y desarrolladora del programa de doulas. Ella es una de las primeras voces dentro del movimiento de doulas del fin de vida y ha estado al servicio de personas con enfermedades graves y de las personas que hacen este servicio desde el año 2000.

Después de la muerte de su madre, empezó a servir a otros como matrona de la muerte y empezó a educar sobre cuidados paliativos previos a los servicios de atención de *hospice*. Creó *Quality of Life Care LLC (QLC)* en el 2005 y año tras año ha respondido al pedido de la gente que la busca: entrenar a doulas del fin de vida, desarrollar programas de doulas del fin de vida en *hospice*, crear iniciativas de educación pública para consumidores y compañeros practicantes del fin de vida y ser mentora de pioneros alrededor del mundo mientras ellos van creando servicios innovadores para sus comunidades.

Deanna ha capacitado a miles de personas a lo largo de los años con su enfoque innovador y esto dio a conocer el entrenamiento de doula del fin de vida en el 2010, el cual es el único programa de este tipo que existe en el mundo. La escuela de *Accompanying the Dying* ofrece un método poderoso que provee una profunda transformación y confianza para la doula y que aporta significativamente para tener un currículum de doula de clase mundial. Su nombre completo es *"Accompanying the Dying: A Practical Guide and Awareness Training"*.

Ella está encantada de ser miembro fundador y la primera vicepresidenta de *National End of Life Doula Alliance*. Además, está honrada de servir como presidenta de *NHPCO End-of-Life Doula Advisory Council*. Es miembro del equipo de entrenadores de la Conferencia Internacional de Doulas de Muerte *Doorway Into Light* durante los primeros tres años, el cual usa su malla curricular en su certificación anual.

Ella siempre ha valorado la unidad dentro del movimiento y colabora regularmente en proyectos especiales que considera muy necesarios para brindar soluciones para nuestros moribundos. Ella ha apoyado en la creación de eventos y ha sido presentadora invitada y maestra en muchos encuentros y conferencias. También ofrece un sólido programa educativo en el que QLC colabora con otras organizaciones para crear un programa de doula del fin de vida hecho a la medida, específicamente para sus pacientes y clientes.

Este enfoque único presenta a los socios participantes como líderes e innovadores en sus respectivas comunidades. El estilo innovador de liderazgo de Deanna ha captado la atención de proveedores de salud corporativos, así como de negocios pequeños y educadores comunitarios que hoy usan su método, pues ha probado que otorga bases sólidas para sus propios programas de capacitación y de acuerdo a sus necesidades. Muchos usan su malla curricular en sus propios programas.

QLC ofrece educación pública gratuita a través de una variedad de plataformas. El programa de educación comunitaria de QLC, De Barrio en Barrio, se lanzó en el 2019 y enseña a las personas sobre los diez principales problemas al final de la vida y cómo lidiar con ellos. Proporciona una forma para que los educadores independientes de todo el país faciliten las charlas con las personas en sus propias comunidades.

Deanna también creó el primer programa de podcast del mundo dedicado a los cuidados paliativos desde el diagnóstico hasta el duelo, *The Journey Radio*, en el 2014. Desde entonces ha sido transformado en *Journey with Deanna*, un blog y podcast que continúa educando e informando acerca de temas paliativos y del fin de vida. Ella entrevista a líderes internacionales expertos y a personas que no tienen relación con la medicina, además de compartir historias y pensamientos sobre temas de tendencia en el medio.

Ella creó el *End Of Life Practitioners Collective (ELPC)* en el 2014, el cual ha sido su trabajo de amor al unir a familias con profesionales en su práctica privada y que trabajan junto a sus equipos de atención médica actual. El directorio de ELPC es para que los consumidores encuentren profesionales independientes en el ámbito del fin de vida y que tengan una variedad de servicios en un solo lugar. No hay otro lugar centralizado donde la gente puede encontrar este tipo de apoyo holístico enfocado en el periodo del fin de vida. Únete a nosotros en la página www.endoflifepro.org si eres un profesional, voluntario comunitario o un recurso comunitario.

Desde el año 2000, Deanna ha dedicado su vida a empoderar a la gente a vivir y a morir exactamente de la forma que quieren, con la mayor comodidad, paz y de acuerdo con sus decisiones. Visita nuestro Centro Gratuito de Aprendizaje en Facebook, https://www.facebook.com/journeywithDeanna.

Sus actividades han sido publicadas en *The New York Times, Medscape, Quartz, Pacific Standard, The Austin American Statesman, Story Corps* y en muchas otras publicaciones, podcasts y programas de radio.

Si este libro te ha inspirado a explorar con mayor profundidad, por favor, acompáñanos en nuestra escuela *Accompanying the Dying*. Para mayor información visita www.school.accompanyingthedying.com.

Bendiciones en tu viaje.

www.ingramcontent.com/pod-product-compliance
Lightning Source LLC
LaVergne TN
LVHW061222060426
835509LV00012B/1386

* 9 7 8 1 7 3 3 0 3 9 3 5 2 *